L'ORGIE,

BALLET EN TROIS ACTES.

IMPRIMERIE DE E. DUVERGER,
RUE DE VERNEUIL, N° 4.

L'ORGIE,

BALLET EN TROIS ACTES,

DE MM. SCRIBE ET CORALLI,

MUSIQUE DE M. CARAFA,

REPRÉSENTÉ POUR LA PREMIÈRE FOIS
SUR LE THEATRE DE L'ACADÉMIE ROYALE DE MUSIQUE,
LE 18 JUILLET 1831.

5

PARIS.

BEZOU, LIBRAIRE,

BOULEVARD S.-MARTIN, N° 29.

1831.

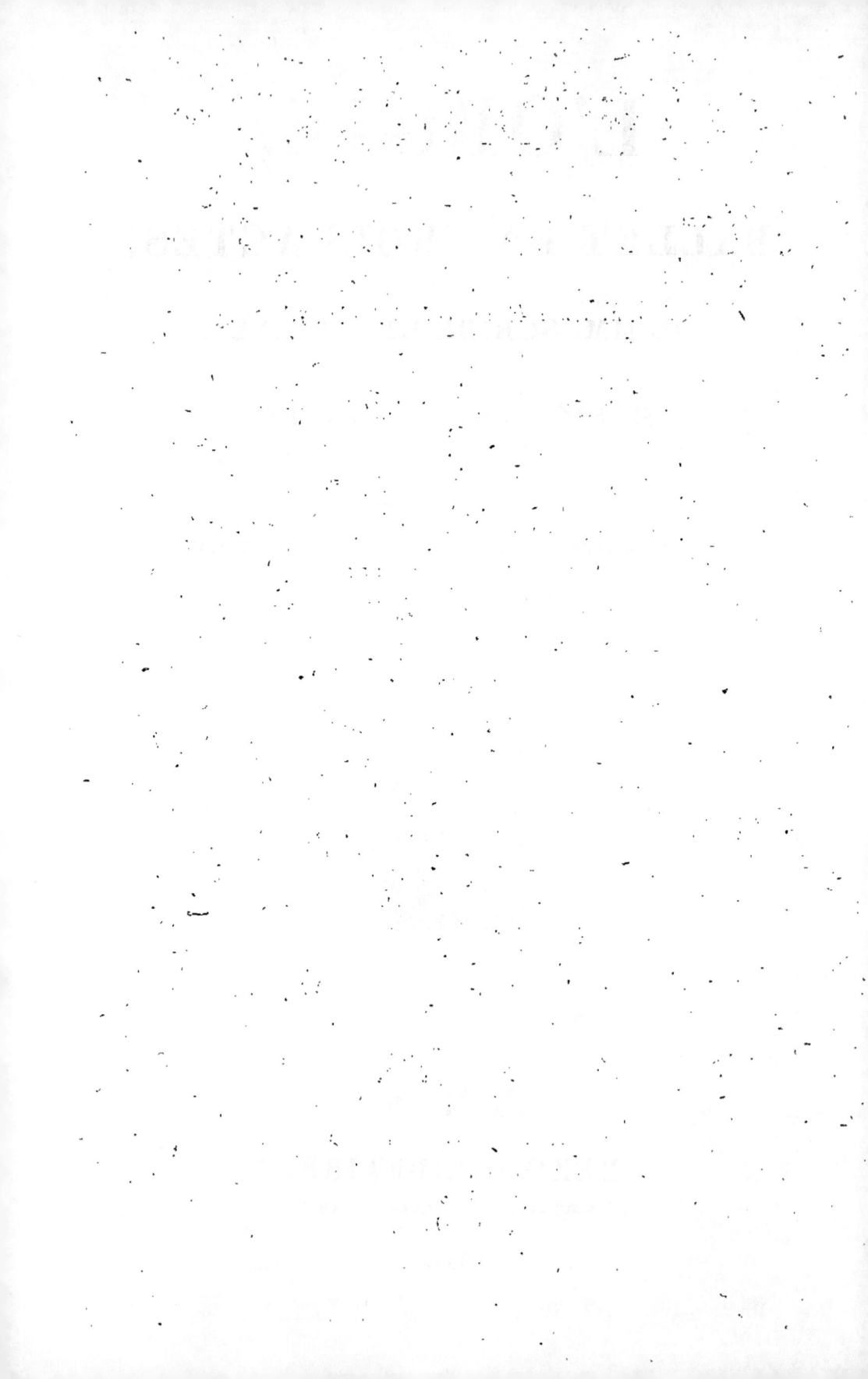

PERSONNAGES.

ACTEURS.

PERSONNAGES		ACTEURS
DON CARLOS,		M. Mazillier.
FERNAND,		M. Coulon.
MÉNÉSEZ,	jeunes seigneurs espagn.	M. Fremole.
ORDOVAL,		M. Daumont.
DON HENRIQUEZ, gouverneur de Séville, oncle de Don Carlos.		M. Mérante
HERMANCE, sa fille.		Mlle Julia.
PHILIPPE, soldat.		M. Simon.
MARIE, sa sœur.		Mlle Legallois.
DON JUANITO, leur père, vieux gentilhomme, ancien militaire.		M. Desplaces.
SIGNORA GAETANA, aubergiste du Soleil d'Or.		Me Élie.
JOHANNA.	ses nièces.	Mlle Roland.
INÉSILLE.		Mlle Louisa.
PEBLO, son premier garçon.		M. Élie.
CRESPO, alcade.		M. Bégrand.
UNE PAYSANNE.		Mlle Brocard.
LA FILLE DE MARIE.		La petite ***.

DANSE.

PREMIER ACTE.

MOINES. MM. Faucher, Pégueux, Guiffare.

PÉLERINS. MM. Lenoir, Coulon, Provost.

VOYAGEUR. M. Gaudouin.

MENDIANS. MM. Martin, Vincent, Alerme, Éli, Édouard, Gatiman, Paul.

GUITARISTES. MM. Milot, Caré.

ALGUAZILS. MM. Martin, Vincent Alerme, trois comparses.

VIEILLARD. M. Cornet.

BUVEURS ET DANSEURS. MM. L'enfant, Isambert, Olivier, Scio, Ragain, Cellarius, Duhant, Grakowski, Marins-Martin, Kaifer, Jaxoni aîné, Achille, Mérault jeune, Eugène, Grosneau, Steibolt.

VILLAGEOISES DANSEUSES. Mesdames Bassompierre, Ancelin, Leclercq, Pérès, Campan, Doutreville, Delacquit, Aline, Zoé Lami, Marisin, Augusta, Guichard, Bénard, Chavigni, Bourgoin, Jomard.

Aux tables. Mesdames Angélina, Monnet, Lecomte, Maison-Neuve, Sirat, Saulnier.

DEUXIÈME ACTE.

M. Perot; mesdames Montessu, Dupont.

BOLERO. MM. Mazillier, Coulon, Frémole, Daumont, Simon, Mérault; mesdames Brocard, Legallois, Julia, Duvernet et Leroux.

OFFICIERS. MM. Grémico, Desplaces, Jaxoni, Lefèvre, Cassant, Gosset.

PROMENEURS VILLAGEOIS. MM. Millot, Carré 1, Martin, Alerme, Bégrand, Faucher, Pégueux, Guiffard, Provost, Chatillon 2, L. Petit, Elie.

MARCHANDS. MM. Goudouin, Cornet, Lenoir Coulon, Faucher 2.

MUSICIENS. MM. Vincent, Gatineau, Elie 2, Mabile 1, Emile, Edouard.

PETITES VILLAGEOISES. Mesdemoiselles Fitjames 3, Joséphine, Pajol, Blangi, Julia, Euphrasie, Ernestine, Dumilâtre, Lepetit.

BATELIERS. MM. Paul, Alexandre, Caré 2, Adrien, Adolphe, Mérault 3, Armancey.

Dans les barques. Mesdemoiselles Adèle, Baptiste, Eugénie, Félicité, Maria, Athalie.

Dans l'église. MM. Honoré, Charles, Dou, Mabile 2.

Aussi dans l'église. Mesdemoiselles Virginie, Victorine, Renard, Elise.

DAMES DE LA VILLE. Mesdames Lacroix, Fitjames 1, Angélina, Petit, Leclerq, Bourgoin.

DAMES DE TABLE DU PREMIER ACTE. Mesdames Guillemain, Maison-Neuve; Sirat, Saulniers.

VILLAGEOIS EN HABIT DE FÊTE. MM. L'enfant 2, Isambert, Olivier, Ragain, Frio, Cellarius, Dubant, Grakowski, Marins, Kaifer, Jaxoni 2, Achille, Marins, Eugène, Grosneau, Steibolt.

VILLAGEOISES EN HABITS DE FÊTE. Mademoiselles Ancelin, Pérès, Doutreville, Harchet, Bassompierre, Campan, Delacquit, Aline, Marisin, Zoé Lami, Augusta, Bénard, Rapiquet, Thorigni, Jomard.

PROMENEUSES VILLAGEOISES. Mesdames Eulalie, Tempies, Jacques, Guillemain, Jenny, Danse, Cava, Beauset, Fitjames 2, Albertine, Goutle, Saulnie 2.

TROISIÈME ACTE.

Mademoiselle Julia *en mariée.*

Suite de la mariée. Mesdames Leroux, Perceval, Fourcisi, Duvernet.

En costume de bal. Mesdames Angélina, Lacroix, Fitjames 2, Petit, Bourgoin, Leclerq, Delacquit, Aline, Pérès, Campan, Zoé Lami, Augusta, Guichard, Chavigni, Gomard, Bassompierre.

MM. Grenier, Desplaces, Jaxoni 1, Lefèvre, Calland, Josset, Pégueux, Carnet, Steibolt, Grakowski, L'enfant 2, Olivier.

Au fond tous les autres personnages du deuxième acte.

L'ORGIE,

BALLET EN TROIS ACTES.

ACTE PREMIER.

Le théâtre représente une salle de l'hôtellerie du *Soleil d'Or*, aux environs de Séville.

Au fond, et par de grandes croisées qui sont ouvertes, on aperçoit une colline ; et à l'horizon une campagne riante.

SCÈNE PREMIÈRE.

Plusieurs tables sont dressées dans l'hôtellerie. Des soldats, des moines, des paysans boivent et mangent ensemble à différentes tables. Au milieu du théâtre, des jeunes filles et des garçons du pays dansent des fandangos, pendant que d'autres jouent des castagnettes. La signora Gaëtana, l'aubergiste, va et vient, et sert tout le monde. Elle gronde Johanna et Inésille, ses nièces, qui, au lieu de servir les pratiques, prennent part de temps en temps à la danse. Elle secoue par le bras Peblo, son premier garçon, qui veut toujours s'asseoir et se reposer ; elle lui montre différentes tables où on appelle ; elle se retourne et voit Inésille, qui, tenant un plat et un broc de vin qu'on attend, s'amuse à danser, au risque de tout ren-

verser; sa colère. Les danseurs l'entourent. —
Le fandango devient plus animé. On entend au
dehors un bruit de chevaux; on s'arrête, et on
écoute.

SCÈNE II.

On voit à travers les croisées du fond quatre
jeunes seigneurs qui descendent de cheval; les
domestiques tiennent les brides de leurs chevaux.
Don Carlos et Fernand en habit de sous-lieutenans
dans les gardes, Ménésez et Ordoval entrent en
scène; un domestique en riche livrée se tient
derrière eux et attend leurs ordres. — Retournez
sans nous à la ville; nous souperons ici, à la campagne, au cabaret, ce sera une partie de plaisir,
si toutefois on peut nous y traiter dignement. —
Comment donc! dit la Gaëtana, en faisant la révérence. — Ces messieurs seront ici comme des
princes... Allons, petites filles, dit-elle à ses nièces;
et toi, paresseux, dit-elle à Peblo, descendez à l'office, à la cuisine, tirez du vin, plumez des poulets;
et préparez, époussetez le grand salon à côté (montrant une porte à doite), pour que ces messieurs
puissent se reposer. Don Carlos jette une bourse
bien garnie à l'aubergiste, qui renouvelle ses ré-
vérences. — Mais que nous ne vous dérangions
pas, dit Fernand aux gens de l'auberge, nous
payons à boire à tout le monde. Chacun se lève,

agite les chapeaux, crie : *vivat*... On apporte du
vin à toutes les tables. — Et de plus, dit Carlos,
dansons avec toutes les jeunes filles. En ce moment
rentrent Johanna et Inésille; Fernand et Carlos
les invitent. Ménésez et Ordoval invitent aussi
deux autres jeunes filles. La danse recommence;
mais Carlos et ses compagnons ne s'occupent qu'à
faire la cour à leurs danseuses, les poursuivent, les
embrassent. Peblo, le garçon d'auberge se fâche;
d'autres amoureux font comme lui; les jeunes filles trouvent fort mauvais qu'on empêche les seigneurs de leur faire la cour, et elles leur présentent
elles-mêmes leur main à baiser. La mauvaise hu-
meur des amoureux redouble, ils menacent Carlos et ses amis qui se moquent d'eux; les paysans
saisissent des bâtons; les moines veulent inter-
poser leur autorité... Gaëtana rentre annonçant que
le souper est servi. Les jeunes seigneurs embrassent encore une fois les jeunes filles, et entrent,
en courant, dans la salle, où le repas les attend.

SCÈNE III.

Une partie des buveurs est sortie, l'autre forme
différens groupes dans la salle d'auberge. Entrent
Juanito, Philippe et Marie. Juanito, ancien militaire, en cheveux blancs, s'appuie sur Marie,
sa fille; Philippe, son fils, porte un habit bour-
geois; mais il a un chapeau militaire, un havresac

sur le dos et un bâton à la main. Marie est habillée comme on l'est à la ville : costume très simple.

— Arrêtons-nous ici, dit Philippe à son père, vous devez être fatigué, ainsi que ma sœur; reposons-nous un instant dans cette auberge, et puis je continuerai ma route; je ne veux pas que vous me reconduisiez plus loin. Ils s'asseyent tous trois à une table, et Philippe ôte son havresac. — C'est un nouveau soldat, disent les paysans, en montrant les rubans qui sont à son chapeau; il est tombé à la milice, et va rejoindre son régiment... Bon courage, camarade! et ils lui donnent une poignée de main. — Merci, mes amis; mais laissez-moi, il faut que je fasse mes adieux à mon père et à ma sœur. Philippe, qui s'est fait servir du vin, en verse à son père, et boit à sa santé... le vieillard veut en faire autant... mais il ne peut... les pleurs inondent sa figure. Marie et Philippe cherchent à le consoler. — Allons, mon père, du courage! j'en reviendrai, soyez tranquille, et je reviendrai digne d'un vieux militaire tel que vous. — Non, je ne te reverrai plus, je le sens bien. — Je vous laisse avec ma sœur, qui embellira vos vieux jours; moi, je reviendrai avec l'épaulette. — Écoute, dit le vieillard, en tirant de sa poche un parchemin et un ruban rouge avec un liséré jaune. — Voilà qui t'appartient, je n'ai pas d'autre héritage à te laisser... mais tu es noble, ces papiers le prouvent, et lorsqu'un jour tu seras officier, tu porteras aussi ce ruban. Adieu, conduis-toi en honnête homme, et en bon soldat, et reçois la bénédiction de ton père. Philippe se met à genoux, son père le bénit et l'embrasse. Pendant ce temps, Marie s'approche de la table où est resté le havresac de son frère : elle l'ouvre et y glisse une petite bourse qui contient toutes ses économies. Philippe se retourne, l'aperçoit, et veut l'en empêcher. Elle referme vivement le havresac et l'attache sur le dos de son frère, en lui disant : — Allons, il est temps de partir. Il embrasse sa sœur, serre la main de son père, et va s'éloigner. Mais le vieillard le retient. — Encore un instant, mon fils, laisse-nous te reconduire un peu plus loin. — Non pas, le jour s'avance, et il sera trop tard, pour que vous retourniez à la ville. — Je ne serai pas seul, je serai avec ta sœur. — Laisse-nous t'accompagner encore, seulement une demi-heure. — Vous le voulez, je ne demande pas mieux ; venez, venez. Il paye l'hôtesse, donne le bras à son père et à sa sœur, et on les voit au fond, à travers les croisées, gravir lentement la colline et disparaître. La Gaëtana et quelques autres des gens de l'auberge les regardent sortir et leur souhaitent un bon voyage.

SCÈNE IV.

On entend un grand bruit dans l'appartement à gauche. Sort Peblo qui dit à l'hôtesse : — Ce sont des diables, ils font un bruit, un tapage !... les entendez-vous ? Ils ont déjà bu chacun deux ou trois bouteilles, et ils en demandent encore. — Va leur en donner ; ils paient bien. Et elle met plusieurs bouteilles dans un panier. — Cela les achèvera, dit Peblo ; car ils sont déjà joliment gais, et c'est tout au plus s'ils marchent droit. — Fais ce qu'on te dit : obéis. Et Peblo sort, emportant le panier de vin. Les autres convives se lèvent ; la nuit commence à venir. Il est temps de retourner à la ville : en ce moment sonnent sept heures ; c'est l'*Angelus*. Les paysans et paysannes se mettent à genoux et disent leurs prières. Un moine leur donne la bénédiction. Ils sortent tous en souhaitant le bonsoir à l'hôtesse. Tout cela a lieu sur une musique lente et religieuse. La Gaëtana referme sur eux la porte du fond, et allume une lampe qu'elle place sur un petit guéridon à gauche. Des airs joyeux et bachiques se font entendre à droite, et Peblo sort tout effaré. — Les enragés ! les enragés ! les entendez-vous, signora ? Ils cassent, ils brisent tout, et ils demandent du punch. J'ai voulu parler, et ils m'ont donné un soufflet ; je me suis retourné, j'en ai reçu un autre ; et je me suis en allé, de peur que cela n'eût des suites plus graves.

SCÈNE V.

GAETANA, PEBLO, DON CARLOS, FERNAND, MENESEZ, ORDOVAL.

Ils entrent tenant encore à la main leurs serviettes. Ils sont très gais, très animés ; mais pas encore tout-à-fait gris. Deux d'entre eux vont à la signora Gaëtana qu'ils trouvent charmante, et à qui ils font, en riant, une déclaration. Pendant ce temps, Carlos et Fernand se sont assis près de la table ronde, et frappent dessus en demandant du punch. Entre Inésille portant un grand vase tout allumé, et Johanna portant des verres et une cuiller. Les deux autres jeunes gens abandonnent l'hôtesse et viennent s'asseoir à côté de leurs camarades. Carlos debout, remplit les verres ; ils boivent à la santé de l'hôtesse, et plusieurs verres de suite. Fernand se lève en chancelant, et présente un verre plein à Inésille et à Johanna qui refusent. Il s'adresse à la signora Gaëtana, tandis que Ménésez en présente également un à Peblo, et les force de boire et de trinquer ensemble. Carlos se lève et s'écrie : — Maintenant, le bal ! — Le bal après le repas, c'est de rigueur. Il vous faut un orchestre, le voilà. Il prend une guitare attachée à la muraille, la donne à Peblo en lui disant : — Joue, et joue bien, ou je t'assomme. Peblo effrayé joue de la guitare, et Ordoval qui a saisi la cuiller à punch, la lève sur lui d'un air menaçant dès qu'il s'arrête ou tourne la tête. Pendant ce temps, Fernand et Ménésez ont invité Johanna et Inésille qu'ils forcent à danser un boléro. Gaëtana veut s'y opposer ; mais Carlos l'oblige à s'asseoir, se met à côté d'elle, lui dit des galanteries, et chaque fois qu'elle veut se lever, il la retient par la taille. Le boléro devient plus vif, et, dans ce moment, Ordoval qui regarde ses compagnons, ennuyé de ne pas danser comme eux, va inviter la Gaëtana qui résiste. — Il le faut, il le faut, disent les jeunes gens en battant des mains. —Laissez-moi. — Nous ne te laisserons pas, que tu n'aies dansé une contredanse, une contredanse française. Allons, allons, tous en place. Chacun a pris une danseuse, et la Gaëtana dit : — Il le faut bien, pour qu'il s'en aillent. Carlos est le seul qui n'ait point de dame, et tout le monde se moque de lui. — Il m'en faut une ; j'en aurai, quand je devrais faire une invitation sur la grande route. Il ouvre la porte du fond, et en ce moment on aperçoit Marie et son père qui viennent de reconduire Philippe, et qui descendent lentement la colline. — Une femme ! s'écrie Carlos, une danseuse, voilà ce qu'il nous faut. Fernand veut le retenir : il lui échappe et s'élance au-devant de Marie. Fernand, en voulant le suivre, heurte du pied la table où est la lampe, et la renverse. La chambre est dans l'obscurité, et n'est plus éclairée que par la lueur du bol de punch. Peblo profite de ce désordre pour s'évader par la porte à gauche, et fait signe qu'il va chercher main-forte.

SCÈNE VI.

LES PRÉCÉDENS, CARLOS, *tout-à-fait ivre, et traînant par la main* MARIE, *pâle et tremblante.*

— Venez, venez, je le veux. Voilà, dit-il à ses compagnons, voilà ma danseuse. — Entre Juanito qui hâte ses pas pour venir défendre sa fille; il arrache sa main qui est dans celle de Carlos, et se met devant elle pour la protéger. Ménésez a été fermer la porte du fond, Ordoval celle à gauche. Carlos furieux se retourne vers le vieillard qu'il menace de la main. Juanito évite le soufflet qu'il voulait lui donner, et tire son épée. Carlos tire la sienne; Marie tombe évanouie sur une chaise à gauche. Carlos et Juanito croisent leurs épées, Fernand, Ménésez et les femmes effrayées veulent les séparer : Carlos fait sauter l'épée du vieillard; Fernand et Ménésez le retiennent et veulent l'entraîner. En ce moment, on frappe violemment à la porte à droite que l'on cherche à enfoncer : une des fenêtres à droite est brisée, et l'on aperçoit la tête de plusieurs alguazils. A cette vue,

Ménésez, Ordoval et Fernand qui tenaient Juanito, ouvrent la porte du fond et s'enfuient en l'entraînant.

Carlos resté le dernier veut les suivre ; mais il se retourne et voit Marie qui est toujours évanouie ; il va à elle, veut la faire revenir. Pendant ce temps, on frappe toujours à la porte à droite, et les alguazils se disposent à franchir la croisée. Sans s'effrayer, il prend Marie dans ses bras et s'enfuit par le fond en l'emportant avec lui. La porte est brisée : Peblo paraît conduisant d'autres alguazils. Mais, dans ce moment, on voit les jeunes gens qui sont remontés à cheval s'enfuir dans la campagne.

La toile tombe, le théâtre change.

SCÈNE VII.

Un appartement de don Carlos à Séville. — Appartement richement décoré ; au fond, deux portes latérales, et dans l'entre-deux des portes à gauche, une large croisée ; à droite, une cheminée sur laquelle sont deux bougies allumées. A côté, une porte secrète.

DON CARLOS.

Il sort de l'appartement à droite ; il est pâle, égaré. Il referme la porte avec précaution, et va pour sortir. Il s'arrête en apercevant don Henriquez son oncle, et Hermance sa cousine.

\

SCÈNE VIII.

DON CARLOS, DON HENRIQUEZ *son oncle, et* HERMANCE *sa fille.*

Nous ne t'avons pas vu ce soir au salon, dit don Henriquez, et ta cousine et moi étions inquiets de ta santé. — En effet, dit Hermance, qu'avez-vous donc, mon cousin?... comme vous êtes pâle! — Oui, je n'étais pas bien... je me sentais indisposé. Et il s'appuie en chancelant contre la table. — Est-ce qu'il se trouverait mal? dit Hermance ; et je n'ai pas de sels... pas de flacons! — Peut-être, dit Henriquez, que dans sa chambre à coucher... Et il se dirige vers la porte secrète. Carlos revient vivement à lui, arrête son oncle par le bras, en lui disant : — Non, non, c'est inutile, je n'éprouve plus rien, et me sens parfaitement bien. — A la bonne heure ; car avant de nous coucher, je voulais t'apprendre de bonnes nouvelles... La guerre est déclarée, et j'ai sollicité pour toi un régiment que le Roi m'a accordé ; et voici les épaulettes de colonel que je t'apporte. — Il serait possible ! s'écrie Carlos avec joie ! — C'est le prix de ta bonne conduite. — Ah! j'en suis indigne, se dit Carlos à part, je ne l'ai pas mérité. — Dès demain, reprend don Henriquez, tu vas partir, et puis dans quelques années, à ton retour.... tu connais mes projets. Et il lui montre Hermance en souriant. — Tu épouseras ta cousine... Nous réunirons ensemble nos familles, nos fortunes : c'est là le rêve de ma vieillesse : je serai heureux si je le vois réalisé avant de mourir; et pour en assurer l'exécution, pour vous engager d'avance... je veux vous fiancer l'un et l'autre. Il unit leurs mains, et les bénit. Carlos tressaille et détourne la tête; puis arrachant brusquement sa main de celle de son oncle. — Je n'ai plus qu'un espoir, et qu'un moyen d'expier mes fautes. Demain je pars... demain, dit-il, en montrant son épée, je me ferai tuer à la tête de mon régiment. — A merveille ! dit Henriquez, qui voit son mouvement, et ne devine point sa pensée, conduis-toi en bon Espagnol, et au retour, voilà ma fille qui t'attend, et qui sera à toi. Entrent deux valets tenant des flambeaux. Hermance et Henriquez souhaitent le bonsoir à Carlos, qui embrasse son oncle, et veut baiser la main d'Hermance. — Allons donc, dit Henriquez, je te permets de l'embrasser; c'est permis entre fiancés. Ils sortent tous, referment la porte, et Carlos reste seul en scène.

SCÈNE IX.

CARLOS, *seul.*

Il écoute pendant quelque temps près de la porte, et fait signe que les pas s'éloignent, que son oncle et sa cousine rentrent dans leur appartement. Il s'élance vers la porte secrète; celle de la chambre où est Marie : il en pousse le bouton, le ressort part, et elle s'ouvre ; puis, sur le point d'en franchir le seuil, il s'arrête : la honte le retient, il semble qu'il n'oserait affronter les regards de sa victime. Il va à la cheminée, éteint les deux bougies. Le théâtre est dans une obscurité complète. Alors, enhardi par la nuit, il entre dans la chambre, et il en ressort aussitôt.

SCÈNE X.

Carlos, tenant par la main Marie, qui se soutient à peine. Elle est pâle, en désordre; les cheveux épars ; ses yeux fixes et immobiles font croire qu'elle a perdu la raison. Carlos la fait asseoir sur un fauteuil, puis désespéré et fondant en larmes, il se jette à ses genoux, à mains jointes, il implore son pardon. Marie, toujours immobile, ne lui répond pas. Il se hasarde alors à prendre sa main froide et inanimée : il la serre dans les siennes. A ce mouvement, Marie revient à elle ; elle se lève brusquement du fauteuil où elle est assise, repousse don Carlos avec horreur ; elle veut s'enfuir, il la suit ; elle s'arrache de ses bras et tombe à genoux. Carlos, effrayé, s'arrête. Elle s'adresse au ciel et à son père. — Mon dieu ! mon père ! secourez-moi, venez à mon aide ! Puis elle jette un regard sur elle-même ; la mémoire lui revient, elle se relève avec désespoir. — Ah ! ils ne m'ont point entendue ; ils m'ont abandonnée ; je n'ai plus qu'à mourir. Carlos veut en vain l'arrêter, elle l'accable de reproches et des noms les plus odieux, appelle sur lui la justice humaine et la vengeance céleste. Carlos, anéanti et courbant la tête, recule devant elle, jusques près de la table où Marie aperçoit son épée ; elle la saisit et veut s'en frapper. Carlos l'arrête, la désarme, la supplie de se calmer ; il est prêt à lui obéir en tout. — Eh bien ! je ne veux pas rester plus long-temps en ces lieux, j'en veux sortir à l'instant... Mon père ! mon père ! qu'on me rende mon père. — Ne craignez rien, je vais vous ramener près de lui ; laissez-moi voir seulement si nous pouvons sortir sans danger, et si tout le monde dort dans la maison ; attendez-moi ici ; je reviens. Il sort et on l'entend en dehors fermer la porte au verrou.

SCÈNE XI.

Marie seule, reste un instant debout et immobile au milieu de l'appartement, puis elle cherche malgré l'obscurité à reconnaître les lieux où elle est. Elle s'avance à tâtons vers la droite où elle trouve une porte qu'elle ne peut ouvrir, puis la cheminée, et continuant vers la gauche du spectateur, elle arrive près de la croisée : elle l'ouvre, mais elle est arrêtée par la grille qui est scellée en dehors, comme à presque toutes les croisées en Espagne. En ce moment la lune, sortant des nuages, jette un rayon qui vient éclairer tout l'appartement. Marie examine attentivement et avec le plus grand soin tout ce qui l'environne, les ornemens de l'appartement, ses meubles, ses tapisseries, la disposition de la croisée, puis la cheminée en face. Elle aperçoit près de la glace, et à un des clous dorés, un chapelet enrichi de diamans et de pierres consacrées ; elle le détache, l'examine ; elle entend du bruit, le cache dans son sein, court à la fenêtre, qu'elle referme. Tout rentre dans l'obscurité, et elle attend celui qui va disposer de son sort.

SCÈNE XII.

Don Carlos, tenant un mouchoir à la main, et
s'avançant avec précaution. — Personne ne m'a vu,
tout le monde repose; venez. Il lui attache le mouchoir sur les yeux; puis il prend la main de Marie;
et c'est lui qui tremble, ses genoux fléchissent. Enfin, rappelant son courage, il l'entraîne par la porte
à droite.

LA TOILE TOMBE.

ACTE II.

Cinq ans après. Un joli village sur les bords du Guadalquivir, à quelques lieues de Séville. A droite au fond, la grille dorée d'un magnifique château. Au fond, presqu'en face, une cabane couverte en chaume, avec un escalier extérieur conduisant au premier étage. A gauche, sur le premier plan, la porte d'une ferme. A droite, sur le premier plan, un banc de gazon au pied d'un arbre.

SCÈNE PREMIÈRE.

C'est la fête du village. Crespo, l'alcade, arrive au son tambour, suivi de tous les paysans et des marchands forains; il fait afficher sur un poteau une pancarte où l'on distingue ces mots : *Fête patronale du village.* Il apprend aux jeunes gens qu'il y aura un tir au fusil, et que monseigneur, dont il montre le château, a voulu se charger de donner lui-même le prix au vainqueur : un prix de vingt ducats; il indique aux marchands forains la place que chacun d'eux devra occuper avec sa boutique. Il y aura ensuite bal champêtre, et il recommande aux garçons et aux jeunes filles la plus grande décence, attendu que monseigneur et toutes les dames du château feront au village l'honneur d'y assister. Arrive un paysan qui sort du château et lui apporte une lettre. — Tous les embarras à la fois, s'écrie l'Al-

3

cade ! Monseigneur me prévient qu'une compagnie de soldats arrive ce soir en ce village ; et qu'il faudra les loger. — Des militaires ! s'écrient les jeunes filles avec joie. — Des billets de logement à écrire ! s'écrie l'alcade. Allons, allons, venez, venez et continuons notre proclamation. L'Alcade et tous les paysans sortent au son du tambour.

SCENE II.

Marie sortant de la ferme à gauche, tenant une couronne de bleuets. Elle s'avance avec précaution, regarde autour d'elle si personne ne l'aperçoit, puis s'approchant de la chaumière qui est au fond à gauche, elle frappe légèrement à la porte. — Sort une paysanne tenant par la main un enfant de quatre ans à peu près. Marie le prend dans ses bras, l'apporte sur le banc à droite, sur le devant du théâtre, l'embrasse, le caresse, lui met sur la tête la couronne de bleuets, arrange ses cheveux, et finit par danser autour de lui. En ce moment on entend une fanfare de cor.

SCENE III.

On voit paraître don Henriquez et don Carlos. Fernand, qui a les épaulettes de capitaine, donne la main à Hermance; plusieurs jeunes gens et jeunes dames reviennent de la promenade; au fond, des valets de pied. Hermance et les jeunes dames, accablés par la chaleur, s'asseient sur le banc où sur les chaises qui sont à droite. Fernand s'appuie sur la chaise d'Hermance, et paraît plein d'attentions pour elle. Henriquez et Carlos sont debout au milieu du théâtre. Carlos, en uniforme de général, est plus grave, plus posé qu'au premier acte; il est rêveur. Don Henriquez lui fait remarquer le joli groupe que forment à droite les jeunes dames et les jeunes chasseurs. En ce moment Carlos aperçoit Marie qu'il salue; puis, voyant près d'elle une petite fille qu'il trouve fort jolie, il demande à qui elle est. Marie embarrassée baisse les yeux, et montre la paysanne en disant : Je crois que c'est sa mère. Les dames du château veulent caresser cet enfant; mais Marie fait signe à la paysanne de l'emmener dans la chaumière, puis elle va faire sa révérence à Henriquez ainsi qu'aux dames du château. — Ah! ah! dit Henriquez à Carlos, c'est la jolie petite fermière de ce village; elle est charmante, n'est-ce pas? et un air si modeste, si réservé! — Oui, dit Carlos, elle a certainement l'air au-dessus de sa condition. Mais pourquoi, Marie, êtes-vous toujours triste et mélancolique? pourquoi, depuis deux ans que j'ai acheté ce château, et que je vous ai vue ici pour la première fois, vous tenez-vous toujours à l'écart, et ne prenez-vous jamais part aux jeux de vos compagnes? — Marie embarrassée évite de répondre, et voyant les jeunes dames qui ont bien chaud, elle leur propose du lait de la ferme. — Attendez, dit Fernand, je vais vous aider. — Il entre à la ferme, et en ressort un instant après, portant une jatte de lait, tandis que Marie porte des tasses qu'elle distribue aux jeunes dames qui toutes assises déjeunent sous l'ombrage des arbres.

Henriquez prend Carlos par la main, lui montre Hermance sa fille, et lui indiquant du doigt son anneau de fiançailles : — Eh bien, semble-t-il lui dire, nos projets de mariage quand les réalisons-nous? Te voilà général, tu es riche, tout ce domaine t'appartient; à quand la noce? — Pendant ce temps, Fernand qui est entre eux et Hermance les écoute avec inquiétude. — Nous verrons, dit Carlos avec indifférence et préoccupé d'une autre idée. — A la bonne heure, j'y compte, dit Henriquez en lui donnant une poignée de main. A ce geste, Fernand effrayé laisse tomber la tasse de lait et la cuiller qu'il tenait. Hermance et les dames se mettent à rire. Henriquez, les jeunes gens et les dames rentrent au château. Marie, qui a repris la jatte de lait, les tasses et les cuillers, rentre à la ferme.

SCENE IV.

FERNAND, HERMANCE.

Fernand retient Hermance qui s'apprêtait à suivre son père. — Que vouliez-vous? dit Hermance, qui voit son trouble. — Mais, c'est que tantôt ici, à la fête du village, il y aura un bal champêtre, et je voudrais bien être le premier à danser avec vous. — Hermance fait la révérence, et accepte. — Ah! je voudrais bien qu'il n'y eût que moi, qu'il n'y en eût pas d'autres. — Ce n'est pas possible; il y a Carlos, mon cousin, mon fiancé, que je ne pourrais pas refuser. — Pourquoi donc? il est si froid auprès de vous, si indifférent, que cela n'a pas l'air de lui faire grand plaisir, tandis que moi je vous aime tant, et il y a si long-temps que je suis malheureux. — Hermance baisse les yeux, et veut s'éloigner. — Ah! restez; pourquoi refuser de m'entendre? Je sais que vous êtes promise à un autre; mais si cet hymen n'avait pas lieu, s'il venait à se rompre, dites-moi que vous me verriez sans peine me mettre sur les rangs; que vos regards du moins me le disent. — Hermance, par un mouvement involontaire, le regarde vivement, puis baisse les yeux en rougissant. — Ah! je n'en demande pas davantage, et puisqu'il m'est permis d'espérer, il n'y a pas de chagrins et de malheurs que je ne puisse défier. — On entend une musique militaire, dont le bruit approche et augmente; les habitans du village et Marie sortent de leur maison.

SCÈNE V.

HERMANCE, FERNAND, MARIE, CRESPO, *tenant plusieurs papiers à la main; tout le village.*

Une compagnie de grenadiers espagnols, commandée par un capitaine, défile au fond du théâtre. — Ce sont, dit Crespo, les soldats que nous attendons, et à qui je vais distribuer des billets de logement. — Le capitaine fait manœuvrer sa compagnie; puis fait signe: Haut les armes, rompez les rangs. Il redescend le théâtre avec eux. Marie, l'apercevant, pousse un cri, et court se jeter dans ses bras. — C'est son frère... c'est Philippe! Fernand, Hermance, et Crespo prennent part à leur bonheur. — Que je te regarde, dit Marie à son frère! comme tu es changé, comme tu es brun! et cet habit, et cette épaulette! comme cela te sied bien! que je suis fière de pouvoir dire: C'est là mon frère! — Et mon père, dit Philippe, où est-il? — Hélas! il avait raison, il ne devait plus te revoir; il n'est plus, tu devais bien t'en douter. — Philippe ôte respectueusement son chapeau, lève les yeux

au ciel, et essuie une larme. — Et toi, ma sœur,
et toi, qu'es-tu devenue?—J'ai abandonné la ville
où je ne pouvais rester, et simple fermière, j'ai tâ-
ché de vivre ici, ignorée et tranquille. Je t'ai retrou-
vée, je ne te quitte plus. Que je suis heureux!
embrasse moi encore.

SCENE VI.

LES PRÉCÉDENS, CARLOS *qui arrive au moment*
où Marie est dans les bras de Philippe.

Cédant à un premier mouvement dont il n'est
pas le maître, il va à Philippe qu'il prend rude-
ment par le bras. — Qui êtes-vous? d'où vous
vient tant d'audace? — Mon général, dit Philippe
qui salue militairement, c'est ma sœur. — Carlos,
honteux d'une vivacité qui a manqué le trahir,
cherche à se remettre de son trouble, tend la
main à Philippe, et cause avec lui. Il voit avec
plaisir l'épaulette d'officier qu'il porte, puis re-
marque avec surprise l'ordre dont il est décoré. D'où te vient-il? — J'ai le droit de m'en
parer..... mon père était gentilhomme. — Ah!
que je suis heureux! s'écrie don Carlos en serrant
la main de Philippe, et en regardant Marie. —
Et pourquoi?
Carlos avoue alors à Philippe que depuis long-

temps il aimait quelqu'un. Émotion de Marie. — Sans doute, dit Philippe, quelqu'un d'un haut rang... quelqu'une des dames du château?—Non, c'était de ce côté, montrant le village, que se portaient mes vœux; c'était une paysanne, une fermière, et sentant, à cause de mon rang et de ma noblesse, qu'un pareil mariage était impossible et me brouillerait avec ma famille... je renfermais cet amour dans mon cœur... je le cachais à tout le monde, et je vivais désespéré et malheureux. Mais, grace au ciel, cette personne, quoique pauvre, est noble et d'une bonne famille, je puis l'épouser; et cette personne, dit-il en montrant Marie, c'est elle... c'est ta sœur! Étonnement de Philippe et de Marie. — Oui, mon ami, dit Carlos à Philippe, je viens te la demander en mariage : veux-tu me la donner? Transporté de joie, Philippe ne peut croire à un tel bonheur. Carlos veut prendre la main de Marie. Elle la retire, et cache sa tête dans ses mains. — O ciel! s'écrie don Carlos, elle refuse, elle ne m'aimait pas.—Moi, ne pas vous aimer! dit Marie. Depuis le jour où je vous ai vu, mon cœur a été à vous, et j'ai fait de vains efforts pour vous le cacher. Comment résister à tant de bonté et de générosité? — Eh bien! alors pourquoi refuser ma main? dit Carlos. — Pourquoi repousser, dit Philippe, le sort brillant qui nous est offert, et qui replace notre famille dans le rang dont elle était déchue? — Il le faut;

je le dois; l'honneur me le commande. — Mais encore, quelles raisons? — Dieu le sait, mon père aussi; mais vous ne pouvez le savoir. Tout ce que je puis dire, c'est que je vous aime plus que jamais, c'est que, jusqu'au tombeau, je me rappellerai cette offre généreuse qui remplit mon cœur de joie et de reconnaissance. Adieu, soyez heureux... mais sans moi; je ferai des vœux pour votre bonheur. Et elle fond en larmes, et les sanglots coupent sa voix. Surprise et désespoir de Carlos. — Marie, Marie... revenez à vous... Du silence, dit Philippe, tout le village vient de ce côté... C'est quelque caprice, dit-il à Carlos, quelque vœu peut-être qu'elle a fait au ciel... Je le saurai, et puisqu'elle vous aime, il faudra bien qu'elle soit à vous, et qu'elle m'obéisse. Il regarde avec colère sa sœur, qui se hâte d'essuyer ses larmes, tandis que Carlos, empressé près d'elle, la regarde avec inquiétude et avec amour.

SCENE VII.

LES PRÉCÉDENS, CRESPO, HENRIQUEZ, FERNAND, HERMANCE, *tous les jeunes gens et les dames du château, soldats de la compagnie de Philippe, tous les habitans du village. Pendant la scène précédente, la nuit est venue.*

Des deux côtés du théâtre, les marchands forains ont établi leurs boutiques. Au fond, sur le

Guadalquivir, des barques éclairées et pavoisées. Des fanfares; un nombreux orchestre se place sur une estrade, et le bal champêtre commence. Henriquez et sa fille se sont assis à droite. Il y a une chaise vide à côté d'Hermance. Henriquez fait signe de la main à Carlos de s'y placer; mais il n'y fait pas attention, et s'assied à côté de Marie. Fernand alors s'empare avec joie de la place vacante, et cause vivement avec Hermance. Divertissement. Première entrée de ballet, pendant lequel Crespo vient causer avec Fernand, et lui demander ses ordres pour le feu d'artifice qu'on vient de placer au fond du théâtre.

Après la première entrée, Henriquez fait signe à Carlos d'engager sa fille; il se lève lentement et d'un air indifférent. Mais Fernand, plus prompt, a déjà offert sa main à Hermance qui l'a acceptée. Carlos fait un mouvement de joie, et court avec empressement engager Marie, qui, troublée, hésite et voudrait refuser. Mais Philippe la regarde d'un air sévère, et elle accepte.

Bolero à huit, après lequel un villageois danse avec deux paysannes. Pendant ce temps, Crespo est venu trouver Fernard; il lui dit: Est-ce le moment?—Oui, dit Fernand, je vais donner le signal. —Il frappe trois coups dans ses mains; en ce moment part une fusée. —Tous les danseurs s'arrêtent, se retournent, montent sur des chaises. — Désordre et tableau d'un feu d'artifice. On met le

feu au soleil qui est près de la cabane à gauche...
Des débris enflammés tombent sur la couverture
qui est en chaume, et en un instant la toiture est
en feu. — Moment d'effroi général. — On s'élance,
on s'empresse pour réparer le mal. — Henriquez,
Hermance, les dames rentrent au château chercher des secours... Les jeunes gens courent au
Guadalquivir, et forment la chaîne... Marie, qui
jusque-là était restée triste et pensive, et sans
prendre part à ce qui se passait, lève les yeux,
aperçoit la chaumière en feu, pousse un cri, et
malgré Philippe, qui veut la retenir, franchit l'escalier que déjà gagnent les flammes, et se précipite
dans la chambre au premier étage... Don Carlos,
Philippe se disposent à la suivre, lorsqu'elle repa-
raît au balcon, pâle et échevelée, tenant un enfant
dans ses bras. — Les flammes l'environnent. L'escalier est en feu. — On lui fait signe de jeter l'enfant
dans les bras qu'on lui tend... Elle ne peut s'en
séparer; elle le serre contre son cœur, le couvre de
son corps; mais l'incendie augmente, elle ne songe
qu'au salut de sa fille; elle la jette sur un matelas
que l'on vient de placer sous le balcon. Elle attache ensuite un drap au pilier qui soutient la toiture, se laisse glisser jusqu'en bas, et en ce moment l'escalier s'écroule. Marie frappé de terreur
chancelle et tombe évanouie entre les bras de Carlos, qui la porte sur le devant du théâtre. On s'empresse autour d'elle, et l'on s'efforce de la rappeler

à la vie... Peu à peu elle revient ; elle reprend
connaissance, mais son premier mouvement est de
regarder autour d'elle avec effroi. Où est-elle? Où
est-elle? Je ne la vois pas... Vous ne répondez pas...
Elle n'est plus. — Désespoir d'une mère. — Elle se
frappe la tête, se meurtrit le sein, se tord les bras,
se lève avec égarement, et comme ayant perdu la
raison ; puis, regardant à sa droite, elle aperçoit
son enfant dans les bras de Philippe... Elle pousse
un cri, court à lui, le prend dans ses bras, le serre
contre son cœur, le couvre de ses baisers, se jette
à genoux pour être plus près de lui, le regarde
encore, pour être sûre que c'est lui... qu'il existe.
— Le délire de la joie a succédé au désespoir. —
Carlos inquiet et étonné s'approche. Philippe veut
lui ôter cet enfant, mais elle le saisit avec force...
M'ôter ma fille ! — Grand Dieu ! que dit-elle ? —
Oui, oui, s'écrie-t-elle avec fierté et exaltation,
et en pressant l'enfant contre son cœur... c'est à
moi, c'est mon enfant.—Malheureuse, lui dit Philippe, en lui prenant la main avec force !—Dieu !
s'écrie Marie qui revient à elle, où suis-je, et
qu'ai-je dit !... et elle rencontre les yeux de Carlos,
qui la regarde avec mépris. — Fureur de Philippe.
— Désespoir de Marie. — Pendant ce temps,
les jeunes gens, qui au fond du théâtre avaient
formé la chaîne, se sont rendus maîtres du feu,
qui est éteint, et n'a point gagné d'autres maisons.

SCENE VIII.

LES PRÉCÉDENS, HENRIQUEZ, HERMANCE, FERNAND *sortant du château.*

Carlos honteux, désespéré, rougissant de lui-même et d'une indigne passion, court au-devant d'Henriquez, lui prend la main, et lui montrant Hermance, lui dit vivement : — Donnez-moi ma cousine, je l'épouse, et dès demain. Joie d'Henriquez, qui court à Hermance, et joint sa main à celle de Carlos. Carlos jette sur Marie un regard de satisfaction et de vengeance. Hermance baisse les yeux et soupire. Fernand est désespéré, Philippe est furieux. Marie cache sa tête dans ses mains, et Henriquez, levant au ciel ses yeux rayonnans de joie, étend ses mains sur ses deux enfans qu'il bénit.

LA TOILE TOMBE.

ACTE III.

L'appartement de don Carlos à Séville, comme il était au premier acte.

SCÈNE PREMIÈRE.

À droite du spectateur Hermance est environnée de ses femmes qui achèvent la toilette de la mariée. Elle regarde d'un air triste son costume de noce, et soupire. Assis en face d'elle, dans un large fauteuil, don Heniquez son père la regarde avec satisfaction, et donne ses avis sur sa toilette, et sur la manière d'arranger le voile. Une des femmes lui présente le bouquet de la mariée. Il appelle sa fille, qui s'approche de lui les yeux baissés; il attache lui-même le bouquet à sa ceinture, et rit, en voyant son air timide. Fernand entr'ouvre la porte à gauche; mais apercevant Henriquez, il la referme et se retire. Henriquez embrasse sa fille sur le front, la regarde encore avec contentement et orgueil paternel. — C'est bien, rien ne manque à ta toilette, je vais avertir le marié de venir prendre la future. Il sort avec les femmes d'Hermance.

SCENE II.

Hermance, seule un instant, puis Fernand sortant par la porte à gauche. Il contemple Hermance avec douleur : — Qu'elle est belle! et elle est perdue pour moi! Hermance lève les yeux, l'aperçoit, et veut se retirer. — Restez, de grace. — Je ne le puis, le devoir me le défend. Je vais appartenir à un autre. — Un instant encore, ce seront mes derniers adieux, et puis j'irai me faire tuer loin de vous. Geste d'effroi d'Hermance, et Fernand s'arrête. — Vous daignez donc encore prendre intérêt à mon sort! je ne l'oublierai point, et je vous aimerai toujours. — Hermance baisse les yeux et ne répond pas; mais avec émotion elle lui fait signe de la main de s'éloigner. Il saisit cette main, et s'empare du mouchoir qu'elle tenait, et le porte à ses lèvres. Hermance veut le ravoir, et le lui redemande d'un air suppliant. — Jamais! jamais! Et il le cache dans son sein. — Adieu, lui dit Hermance. — Adieu, répond Fernand, qui ne peut la quitter. Et il baise sa main. Paraît Carlos.

SCENE III.

LES PRÉCÉDENS, CARLOS.

Il est entré, sombre et rêveur, et n'a pas vu les
deux amans, qui se hâtent de cacher leur trouble.
Il donne une poignée de main à Fernand, et salue
froidement Hermance. — Quelle indifférence, s'é-
crie Fernand indigné! Ah! si j'étais à sa place!...
Et c'est à lui qu'elle va appartenir! Carlos a pris la
main d'Hermance et reçoit avec elle les conviés qui
arrivent.

SCENE IV.

LES PRÉCÉDENS, DON HENRIQUEZ, SEIGNEURS *et*
DAMES *de Séville, qui viennent pour les noces de
don Carlos.*

Divertissement. Un pas dansé par Hermance, et
plusieurs autres de ses compagnes. A la fin du
divertissement, don Henriquez annonce que tout
est prêt à la chapelle, et qu'on y attend les époux.
A cette nouvelle, Fernand, désolé, jette un
dernier regard sur Hermance. Le cortége se
forme. Tous les conviés défilent. Henriquez donne
la main à sa fille, et sort avec elle par la porte du
fond. Carlos, qui est plongé dans ses réflexions,
s'aperçoit qu'il est resté le dernier, et s'apprête à

les suivre, lorsque Philippe et Marie paraissent à
la porte à droite. Carlos étonné s'arrête.

SCENE V.

CARLOS, PHILIPPE, MARIE.

Philippe, pâle et triste, donne le bras à Marie
qui tient ses yeux baissés; tous deux sont en costume de voyage. — Où allez-vous ainsi, leur dit
Carlos? — Nous quittons ce pays où après l'éclat
d'hier nous ne pouvons plus rester; ma sœur n'a
plus que moi d'appui, je lui ai pardonné, je ne
l'abandonnerai pas; je partirai avec elle et nous
irons bien loin d'ici. Affliction de Carlos. — Mais
pour cela, continue Philippe, il faut que vous me
donniez mon congé. Voilà mon épée, et il la dé-
pose sur la table; mon épaulette à laquelle je renonce, acceptez ma démission et signez-moi un
permis de départ. — Tu l'auras, dit Carlos qui
n'ose regarder Marie, viens ici à côté, je vais te
l'écrire, et il emmène dans l'appartement à gauche Philippe qui fait signe à sa sœur de l'attendre
un instant.

SCENE VI.

MARIE, *seule.*

Elle reste quelque temps dans le fauteuil où elle est assise, pensive, la tête baissée, et plongée dans ses réflexions. Puis levant les yeux et regardant lentement autour d'elle, un souvenir vague et confus se présente à son esprit; elle regarde une seconde fois, et la vérité lui arrive. Ce n'est plus une illusion; elle reconnaît ces lieux, et par un mouvement d'effroi, plus rapide que la pensée, elle se croit encore en danger. Elle veut fuir, puis, honteuse de sa frayeur, elle s'arrête, elle revient, elle s'enhardit, et regarde encore, mais non sans crainte, l'appartement où elle se trouve. Voici les lambris, les ornemens, les tableaux, tels qu'elle les a déja vus... Et cette fenêtre, c'est celle qu'elle a ouverte, et cette cheminée, où était ce chapelet. Tous ses souvenirs lui reviennent à la fois. Oui, oui, plus de doute; elle est ici chez son ravisseur... chez celui à qui elle doit tous les malheurs de sa vie. Dans l'exaltation où elle est, elle parcourt vivement l'appartement. —Que faire? à qui demander vengeance? Ah! c'est Philippe! c'est mon frère... c'est le ciel qui me l'envoie.

SCENE VII.

MARIE, PHILIPPE, *tenant à la main le papier que vient de lui donner Carlos, qui sort en même temps que lui.*

Marie court vivement à son frère, le prend par la main. — Qu'a-t-elle donc, se disent Philippe et Carlos effrayés. — Ces lieux où l'on m'a entraînée de force, où l'on m'a enfermée, c'est ici. — Que dit-elle ? — Oui, j'étais là, à genoux, implorant le ciel, t'implorant, mon frère, et c'est là qu'il me poursuivait de ses transports; là, je m'échappais de ses bras... là... il couvrait mes yeux de ce bandeau...

Carlos, pendant qu'elle parle, suit avec effroi tous ses gestes et ses mouvemens. — Là, continue Marie en montrant la cheminée, j'ai pris ce chapelet, témoignage de son crime. — Plus de doute, s'écrie Carlos, ce coupable, ce criminel, c'est moi. Philippe, furieux, veut saisir son épée. Marie jette un cri, se précipite dans la chambre à droite, en sort, tenant son enfant qu'elle jette dans les bras de Carlos, qui se précipite à ses pieds.

SCÈNE VIII ET DERNIÈRE.

En ce moment s'ouvrent les trois portes du fond... Henriquez, Hermance, Fernand, et tous les conviés qui venaient chercher Carlos s'arrêtent stupéfaits ; en voyant Marie dans ses bras.... Qu'est-ce que cela signifie ? s'écrie Henriquez étonné.—Je suis si coupable envers tous deux, répond Carlos en montrant sa fille et Marie, que je n'ai devant Dieu et devant les hommes qu'un seul moyen d'expier mon crime, et je l'épouse... Elle sera ma femme...—Fernand enchanté lui saute au cou, l'embrasse, pendant qu'Henriquez se retournant vers sa fille, lui dit : Tu seras sensible autant que moi à un tel affront. —Pas du tout, répond Hermance avec joie, je ne l'épousais que pour vous obéir, et je crois même que j'en aime un autre. — Et qui donc? — C'est moi, dit Fernand, moi qui vous la demande à genoux. Hermance et Fernand s'inclinent devant Henriquez... Carlos et Marie intercèdent aussi. L'enfant voyant tout le monde qui prie, se met aussi à genoux, et joint les mains. — Henriquez troublé, attendri, hésite quelques instans, jette sur le général un regard de regret, puis relève sa fille, l'embrasse, et l'unit au jeune capitaine.

TABLEAU.

FIN DU TROISIÈME ET DERNIER ACTE.

LA MARQUISE

DE BRINVILLIERS,

DRAME LYRIQUE EN TROIS ACTES,

MUSIQUE DE

MM. AUBER, BATTON; BERTON, BLANGINI, BOIELDIEU,
CARAFA, CHERUBINI, HÉROLD ET PAER.

Représenté, pour la première fois, à Paris, sur le théâtre
de l'Opéra-Comique, le 31 octobre 1831.

Scribe

EN SOCIÉTÉ AVEC M. CASTIL-BLAZE.

PERSONNAGES.

LA MARQUISE DE BRINVILLIERS.

M. DE VERNILLAC, fermier-général.

HORTENSE de Montmélian, sa femme.

ARTHUR DE SAINT-BRICE, amant d'Hortense.

MADELON, sœur de lait d'Hortense.

GALIFARD, intendant de la marquise.

M. DE COULANGE.

LE PREMIER DU ROI.

UN VALET DE VERNILLAC.

UN DOMESTIQUE DE LA MARQUISE.

CONVIVES ET AMIS.

QUATRE EXEMPTS.

Les deux premiers actes se passent à Versailles chez M. de Vernillac; le troisième à Paris, rue Neuve-Saint-Paul, dans l'hôtel de la marquise.

L'ouverture est de M. Carafa.

LA MARQUISE

PARTEZ, PARTEZ SUR-LE-CHAMP.

La marquise de Pontalleau, liv. II. ch. V

LA MARQUISE
DE BRINVILLIERS.

~~~~~~

ACTE PREMIER.

Un salon dans une maison particulière à Versailles, au temps
de Louis XIV. Des jardins au fond.

———◆———

SCÈNE PREMIÈRE.

VERNILLAC, HORTENSE, CONVIVES, MADELON,
HOMMES ET FEMMES DE LA MAISON.

(Au lever du rideau, Vernillac, à gauche, debout, en grand costume,
tient Hortense par la main, habillée en mariée. Convives et amis de
Vernillac, qui viennent pour son mariage. A droite, Madelon, et plusieurs
hommes et femmes de la maison.)

INTRODUCTION.

(M. Chérubini.)

CHOEUR.

Que le chant d'hyménée
Retentisse en ces lieux !
Cette heureuse journée
Voit combler tous leurs vœux.

UN DOMESTIQUE. en livrée, annonçant.

Monsieur le marquis de Coulange,
Monsieur le duc de Villeroi.

VERNILLAC, allant à eux et saluant.

C'est pour nous un bonheur étrange...

LE DOMESTIQUE, annonçant.

Monsieur le Premier du roi.

VERNILLAC, avec joie.

Ils viennent pour mon mariage ;
Dieu ! quel honneur que celui-là !
Oui, tout Versailles, je le gage,
A mes noces assistera.

CHŒUR.

Que le chant d'hyménée
Retentisse en ces lieux !
Cette heureuse journée
Voit combler tous leurs vœux.

HORTENSE.

Victime infortunée
D'un devoir rigoureux,
Qu'un pareil hyménée
Pour mon cœur est affreux !

VERNILLAC.

Quelle douce journée !
Que mon cœur est joyeux !
Cet heureux hyménée
Voit combler tous nos vœux.

MADELON.

Dans un jour d'hymenée
Qu'elle a l'air malheureux !
Et, de fleurs couronnée,
Des pleurs sont dans ses yeux.

UN DES CONVIVES, bas à un de ses voisins.

Sans biens, sans espérance aucune,
Hortense épouse un fermier-général.

UN AUTRE-CONVIVE.

A la marquise elle doit sa fortune.

UN AUTRE CONVIVE.

Ah ! c'est pour elle un bonheur sans égal.

(Madelon, qui pendant ce temps s'est approchée d'Hortense, lui fait la révérence, en lui présentant un bouquet.)

MADELON.

COUPLETS.

PREMIER COUPLET.

Vous, que depuis mon jeune âge
Je chéris du fond cœur,
J'arrive de not' village,
Pour êtr' témoin d' votr' bonheur.
Aux lieux où l'on vous adore,
D' temps en temps, rev'nez encore,
Et parfois pensez à nous,
Qui prierons toujours pour vous.

DEUXIÈME COUPLET.

Quand de l'éclat dont il brille
Vot' sort éblouit nos yeux,
Hélas ! d'une pauvre fille
Qu'importent les humbles vœux ?
Mais au sein de la puissance,
D' la grandeur, et d' l'opulence,
Quelquefois pensez à nous,
Qui prierons toujours pour vous.

HORTENSE, avec émotion, et prenant son bouquet.

Merci, merci, mon cœur est bien heureux ;

(A part.)

Cachons les pleurs qui coulent de mes yeux.

ENSEMBLE.

CHOEUR.

Que le chant d'hyménée
Retentisse en ces lieux !
Cette heureuse journée
Voit combler tous leurs vœux.

MADELON.

Dans un jour d'hyménée
Qu'elle a l'air malheureux !
Et, de fleurs couronnée,
Des pleurs sont dans ses yeux.

HORTENSE.

Victime infortunée
D'un devoir rigoureux,
Qu'un pareil hyménée
Pour mon cœur est affreux !

VERNILLAC.

Quelle douce journée !
Que mon cœur est joyeux !
Cet heureux hyménée
Voit combler tous mes vœux.

(Tous les convives entrent dans le salon à gauche. Vernillac offre la main
à Hortense ; mais elle lui fait signe qu'elle reste, et qu'elle veut parler
à Madelon.)

SCÈNE II.

HORTENSE, MADELON.

HORTENSE.

Reste, Madelon, il faut que je te remercie de
ton bouquet ; et c'est bien le moins qu'à toi, ma
sœur de lait, je te fasse mon présent de noces.
(Lui présentant une petite boîte.) Le voici.

MADELON.

Un collier, et une croix, et des boucles d'oreille
en or ! c'est trop beau, Mademoiselle.

HORTENSE.

Et de plus, quand tu te marieras, je me charge de ta

dot; choisis seulement quelqu'un que tu aimes, que tu puisses aimer, et sois heureuse. Adieu.

MADELON.

Eh bien ! vous me quittez ainsi ; et vous voilà tout en larmes !

HORTENSE.

Ah ! je souffre tant ! et là, dans ce salon, obligée de se contraindre...

MADELON.

Et qui vous chagrine donc ? Orpheline, et sans fortune, vous faites un mariage magnifique ; vous épousez, dit-on, un fermier-général, qui n'est peut-être pas très beau, mais qui a de l'or à pleines mains, et qui avec son or a tout ce qu'il veut, même de la naissance ; car on dit qu'il vient d'en acheter, ainsi qu'une charge à la cour : et quand on est marquise ou duchesse, qu'est-ce qu'on peut désirer ?

HORTENSE.

Ah ! si tu savais ce que je sens là, ce que j'éprouve ! sans amis dans ce monde, il n'y a que toi à qui je puisse le dire ; et puis, c'est la dernière fois que j'en parlerai.

MADELON.

Et de qui donc ?

HORTENSE.

D'une personne que j'aimais bien, que je ne veux plus aimer ; et c'est ce qui me rend si malheureuse. Presque parens, et élevés ensemble, il était sans fortune, moi aussi. Qu'importe ? jusqu'à ce jour, je n'y avais jamais pensé. Nous devions être l'un à l'autre, il me l'avait juré du moins ; et depuis un an qu'il est parti à Nancy pour rejoindre son régiment, pas une lettre, pas un mot, pas un souvenir; tandis que moi, tu sais, j'ai tenu mes promesses, je lui ai écrit.

MADELON.

Quoi! lorsque nous étions ensemble en Touraine, ces lettres que tous les jours je portais à la poste...

HORTENSE.

C'était pour lui.

MADELON.

M. le comte Arthur de Saint-Brice?

HORTENSE.

Ah! tu te rappelles ce nom-là?

MADELON.

Je l'ai lu assez de fois.

HORTENSE.

Eh bien! pas une seule réponse.

MADELON.

Il a été malade, blessé, peut-être.

HORTENSE.

Je l'ai cru; mais non, je m'abusais : j'ai reçu d'autres nouvelles. Pauvre autrefois, quoique d'une grande famille, il a perdu presque en même temps deux frères aînés, ce qui lui a donné un rang, des titres, une immense fortune; et depuis ce moment, adressant ses vœux à d'autres femmes...

MADELON.

En êtes-vous bien sûre?

HORTENSE.

On me l'a dit. Et après son silence et son oubli, est-il besoin d'autres preuves?

MADELON.

Ah! que c'est mal à lui!

HORTENSE.

Oui, n'est-ce pas, c'est bien mal? moi qui l'aimais tant, et me forcer à ne plus l'estimer! c'est là ce qui me fait le plus de chagrin. C'est alors que je suis venue à Versailles avec une de mes tantes; et un jour, que dans une société on avait prononcé mon nom, une femme qui était assise à côté de moi ne me quitta plus de la soirée, me prit en amitié, moi que tout le monde délaissait; et je lui en sus d'autant plus de gré, que, veuve riche et brillante, tous les hommages l'entouraient.

MADELON.

C'était une brave femme celle-là, et je voudrais la connaître.

HORTENSE.

Tu l'as vue, elle était hier avec moi quand tu es arrivée?

MADELON.

Cette jolie dame, cette marquise qui a une terre dans les environs, et qui fait, dit-on, tant de bien dans le pays?

HORTENSE.

Jamais je n'ai vu de personne plus séduisante. Sans m'interroger sur mes chagrins qu'elle semblait deviner, elle cherchait à m'en consoler, blâmait devant moi la folie d'aimer un infidèle; bien mieux encore, s'occupant de mon avenir, elle ne cessait de me vanter à un de ses amis, M. de Vernillac, un fermier-général, à qui elle a fait de moi un tel éloge, qu'il a fini par demander ma main.

MADELON.

Est-il possible ?

HORTENSE.

Ah ! si j'avais osé refuser. Je le voulais d'abord ; mais ma tante, mais la marquise... mais tout le monde m'a tellement blâmée...,

MADELON.

Et ils avaient raison ; surtout cette marquise, à qui vous devrez votre bonheur, et qui mérite elle-même d'être heureuse. Aussi me voilà fâchée maintenant de ce que j'ai vu ce matin.

HORTENSE.

Et quoi donc ?

MADELON.

Je l'ai rencontrée dans le parc ; elle ne me voyait pas ; elle se promenait la tête baissée, respirant avec peine, marchant très vite, et de grosses larmes roulaient dans ses yeux.

HORTENSE.

O ciel ! que me dis-tu là ? tais-toi, la voici.

SCÈNE III.

LES PRÉCÉDENS, LA MARQUISE.

HORTENSE, allant à elle.

C'est vous, Madame, vous qui arrivez la dernière.

LA MARQUISE.

Oui, je suis en retard, ma toilette m'a retenue ;

mais si j'ai été coquette aujourd'hui, ce n'est pas pour moi, c'est pour vous, mon enfant, à qui je dois servir de mère, et j'ai voulu vous faire honneur.

MADELON.

C'est trop juste, puisque c'est madame qui a fait ce mariage.

LA MARQUISE.

Mariage dont vous me remercierez un jour, car à présent vous n'en êtes pas ravie.

HORTENSE.

Moi, Madame !

LA MARQUISE.

Avec moi vous pouvez en convenir, votre tante n'est pas là, ni votre mari non plus ; et il y a sans doute à votre froideur, à votre indifférence des raisons que je ne demande pas à connaître. Vous me les direz plus tard, quand j'aurai votre confiance.

HORTENSE.

Et vous la possédez.

LA MARQUISE.

Non, car je vois à vos yeux que vous avez pleuré ce matin.

HORTENSE, avec douceur.

Peut-être ne suis-je pas la seule.

LA MARQUISE.

Que dites-vous ?

HORTENSE.

Que vous aussi, vous, mon amie et ma bienfaitrice... Vous avez des chagrins, j'en suis sûre.

LA MARQUISE.

Moi ! qui vous le fait présumer ?

HORTENSE.

Quels changemens dans vos traits !

LA MARQUISE.

Hortense, ne parlons pas de moi, n'en parlons jamais. Dites-vous seulement, quelque malheureuse que vous puissiez vous trouver, qu'il est des gens plus malheureux encore ; qu'il est des tourmens que votre amitié ne peut calmer, ni concevoir, et que moi-même, il y a quelques années, je n'aurais pu comprendre. Mais il y a une destinée qui est là, qui vous pousse ; et quand on veut regarder en arrière, ou retourner sur ses pas, il n'est plus temps.

HORTENSE.

Quelle idée ! c'est vous, Madame, qui vous plaignez de votre sort ? Ah ! si vous pensiez à votre brillante position dans le monde ; si vous réfléchissiez...

LA MARQUISE.

Réfléchir ! jamais ; il faut au contraire s'oublier et s'étourdir. Parlons de vous et de votre mariage ; il fait du bruit dans Versailles. Il en a été question à la cour. M. de Louvois, que j'ai vu hier, à la chapelle, m'a annoncé que le roi vous ferait l'honneur de signer au contrat.

HORTENSE.

Madame...

LA MARQUISE.

A vous, cela vous est peut-être fort égal. Mais M. de Vernillac y tient beaucoup, car il ne manque pas de vanité ; excellent homme du reste, qu'il faudra que je vous fasse connaître, puisqu'il doit être votre mari. Un peu fier, un peu orgueilleux, un peu dur, un peu égoïste ; tout cela tient à sa place de fermier-général. En revanche, je ne lui connais qu'un défaut, c'est d'être défiant et jaloux à l'excès. D'après cela, c'est à vous... Eh ! mais, le voilà ce cher Vernillac !

SCÈNE IV.

LES PRÉCÉDENS, VERNILLAC.

LA MARQUISE, continuant.

Hâtez-vous donc d'arriver, car je disais à votre femme bien du mal de vous.

VERNILLAC.

Madame de Brinvilliers est trop bonne ; et je suis sûr que le portrait était flatté !

LA MARQUISE.

Mais non, pas trop, car il était ressemblant. Tout est-il prêt ? tout le monde est-il venu ?

VERNILLAC.

Nous n'attendons que le notaire pour signer le contrat, et il nous arrive un évènement fort dés-agréable.

LA MARQUISE.

Et lequel ?

VERNILLAC.

Monsieur le duc de Villars, qui m'avait fait l'hon-neur d'accepter mon invitation et qui même devait danser ce soir le premier menuet avec madame de Vernillac, vient de recevoir l'ordre de se rendre sur-le-champ à Paris.

LA MARQUISE.

C'est fâcheux; et pourquoi donc?

VERNILLAC.

Il doit présider la Chambre Ardente que le roi vient de créer et qui s'installe dès aujourd'hui extraordinairement.

HORTENSE.

Pour quelle raison?

VERNILLAC.

Pour juger les affaires d'empoisonnement qui se multiplient à l'infini, et qui ont jeté la terreur dans toutes les familles.

LA MARQUISE.

Vraiment!

MADELON.

Oui, Madame, rien n'est plus réel, on ne parle plus que de cela. Ils ont des essences, des poudres mortelles.

VERNILLAC.

Qu'en ce pays, où l'on rit de tout, on appelle *poudre de succession.*

MADELON.

Et il suffit de respirer un flacon ou un sachet empoisonné pour expirer à l'instant.

LA MARQUISE.

Je sais qu'on débite à ce sujet beaucoup de fables.

VERNILLAC.

C'est un Italien nommé Exili qui a apporté en France ces dangereux talens auxquels il a initié beaucoup de monde, même beaucoup de personnes de haut rang; et dernièrement, à la cour, la mort subite de madame Henriette, sœur du roi, n'a donné à ces bruits que trop de consistance.

MADELON.

Aussi l'effroi s'est répandu partout.

COUPLETS.

(M. Boieldieu.)

PREMIER COUPLET.

C'est pire qu'une épidémie
Qui gagne, hélas! les parens trop nombreux,
Et les oncles, sans maladie,
Font sur-le-champ hériter leurs neveux.
Ce fléau, l'on en a des preuves,
Semble surtout s'attaquer aux maris;
Jamais on n'a vu tant de veuves:
Voilà pourquoi l'on tremble dans Paris.
C'est vraiment
Bien effrayant.
Ah! c'est vraiment
Bien effrayant.

DEUXIÈME COUPLET.

Oui, la terreur est générale,
Et cet effroi qui gagn' chaque mari,
Est venu de la capitale
Jusqu'en province, où l'on s'en r'sent aussi.
Craignant quelques funestes trames,
Les jeunes gens, par un commun avis,
Ne veulent plus prendre de femmes:
Voilà pourquoi l'on tremble en ce pays.
Ah! c'est vraiment
Bien effrayant.

SCÈNE V.

LES PRÉCÉDENS, UN DOMESTIQUE, SORTANT DE
L'APPARTEMENT A GAUCHE.

LE DOMESTIQUE.

Monsieur le notaire vient d'arriver.

VERNILLAC.

A merveille, et de suite nous partons pour l'église,
où le premier aumônier du roi veut bien officier lui-
même. (A Hortense.) Venez, ma belle prétendue ; car
on ne peut se passer de vous, pas plus que du marié :
c'est l'acteur nécessaire, indispensable.

LA MARQUISE, bas à Vernillac et souriant.

Ce qui n'empêche pas que quelquefois, par la
suite, il n'ait des doubles.

VERNILLAC, souriant avec confiance.

Pas ici, je m'en flatte. Venez-vous, marquise ?

LA MARQUISE.

Je vous suis.

LE DOMESTIQUE.

Il y a quelqu'un qui arrive de Paris, et qui demande à parler à Madame.

LA MARQUISE.

Qu'il attende : nous verrons après la célébration.

LE DOMESTIQUE.

Il dit qu'il est au service de Madame, et qu'on le
nomme Galifard.

(Le domestique sort.)

LA MARQUISE.

Galifard! ah! oui, un serviteur qui m'est dévoué, et à qui j'ai des ordres à donner. (A Madelon.) Dites-lui d'entrer. (A Vernillac.) Vous permettez...

VERNILLAC.

Je vous en prie, faites comme chez vous.

(Vernillac a pris la main d'Hortense, il entre dans l'appartement à gauche. Madelon est sortie par le fond.)

SCÈNE VI.

LA MARQUISE, S'ASSEYANT A DROITE, GALIFARD, ENTRANT UN INSTANT APRÈS PAR LE FOND : IL EST HABILLÉ EN NOIR, S'APPROCHE RESPECTUEUSEMENT, ET SALUE DEUX OU TROIS FOIS.

LA MARQUISE.

Approchez, approchez, mon cher.

GALIFARD.

Madame la marquise est seule?

LA MARQUISE.

Ah! oui, vous le voyez bien. (A part.) Ce pauvre Galifard n'a qu'un défaut, c'est qu'il est horriblement bête.

GALIFARD, s'approchant.

Plaît-il, Madame la marquise?

LA MARQUISE.

Je parle d'un défaut que vous avez, et dont vous ne vous corrigerez jamais.

GALIFARD, naïvement.

C'est peut-être de naissance.

LA MARQUISE.

Justement, et vous auriez tort de vous en plaindre ; car c'est pour cela que vous êtes à mon service, que vous êtes mon homme de confiance.

GALIFARD.

C'est bien de l'honneur pour moi.

LA MARQUISE.

Du reste, garçon intelligent, et instruit, qui a même des connaissances.

GALIFARD.

J'ai été, dans ma jeunesse, chimiste et pharmacien, à Vérone.

LA MARQUISE.

Ce que nous appelons ici apothicaire.

GALIFARD.

On me nommait alors Galifardi : c'est en venant en France, que j'ai perdu ma terminaison. C'est mon premier maître qui m'a appelé Galifard. Vous savez bien, M. le chevalier de Sainte-Croix.

LA MARQUISE, se levant brusquement.

C'est bien, cela suffit.

GALIFARD.

Un gentilhomme qui aimait bien Madame ; un bon maître, dont le souvenir m'est bien cher.

LA MARQUISE, brusquement.

Et à moi, il m'est odieux ! je l'abhorre : sans lui, sans ses perfides conseils... (A part.) Mais jeune, sans expérience, et quand on a une fois manqué à ses devoirs... de là, à enfreindre tous les autres, il n'y a qu'un pas. (Haut à Galifard.) N'en parlons plus. Son sort est accompli, et ce duel où il a succombé...

GALIFARD.

Hélas! oui, il est mort.

LA MARQUISE.

Il est bien heureux, et je voudrais souvent être comme lui.

GALIFARD.

J'oserai dire à Madame que c'est là une idée qui ne mène à rien.

LA MARQUISE.

Oui, tu as raison, il vaut mieux vivre. (A part.) Pour se repentir, pour tout expier; et puisque, grâce au ciel, nulle preuve, nul témoin, nulles traces ne peuvent plus rappeler le passé, l'avenir du moins m'appartient encore; recommençons ma vie, et cette estime qui m'environne, et que j'ai usurpée, tâchons désormais de la mériter.

GALIFARD.

Madame est là, qui parle toute seule, a-t-elle des ordres à me donner?

LA MARQUISE.

C'est selon. Quelles nouvelles?

GALIFARD.

Des lettres de Paris.

LA MARQUISE, les ouvrant.

De M. le président de Harlay, de M. le coadjuteur; que de témoignages d'amitié, de considération! (Prenant d'autres lettres.) Et celles-ci! des vœux, des hommages. C'est bien: il n'y a pas autre chose?

GALIFARD.

Non, madame. Ah! j'oubliais, une visite; M. le comte Arthur de Saint-Brice.

LA MARQUISE, vivement.

M. de Saint-Brice!

GALIFARD.

Comme Madame est émue!

LA MARQUISE.

Moi! du tout... Il est à Paris, tu l'as vu?

GALIFARD.

Oui, vraiment. Il était venu à l'hôtel, demander Madame qui était absente; alors, il a laissé son nom; et en lisant, *Arthur de Saint-Brice*, je me disais : je connais ce nom; et en effet, c'était celui qui était sur toutes les lettres que nous avons interceptées cette année, et que j'apportais à Madame.

LA MARQUISE, avec effroi.

Tais-toi, tais-toi, ici surtout. Je t'ai donné de l'or, je t'en donnerai plus encore, mais du silence.

GALIFARD.

Madame peut être tranquille; elle est généreuse, elle paie bien; mais ce n'est pas de l'or que je voudrais, c'est la confiance de Madame, et je ne l'ai pas : je ne sais jamais rien que ce que je puis deviner.

LA MARQUISE, à part.

O ciel! (Haut.) Tu as raison, tu es un bon serviteur, pour qui j'aurais tort d'avoir des secrets; d'ailleurs, tu en sais trop maintenant, pour te cacher la vérité. Liée depuis long-temps avec la famille de

M. de Saint-Brice, j'avais pour le jeune homme quelque amitié, quelque affection.

GALIFARD.

Ah! mieux que cela; Madame ne pouvait entendre prononcer son nom sans changer de couleur, et souvent, après avoir lu ces lettres dont je parlais tout à l'heure, je voyais Madame au désespoir, et tout en larmes.

LA MARQUISE.

Ah! tu m'épiais! Eh bien! oui, le dépit, la jalousie ont pu me porter à cette action, qui me ferait mourir de honte s'il en était instruit, car son estime avant tout, son estime du moins, à défaut de son amour; car si tu savais ce que j'ai souffert! l'aimer! n'aimer que lui, tout lui sacrifier! et quand j'allais lui offrir ma main et ma fortune, apprendre qu'il en aimait une autre! Ah! il n'y a qu'un cœur de femme qui puisse concevoir de pareils tourmens.

GALIFARD.

Dans mon pays, une Italienne l'aurait tué.

LA MARQUISE.

Cela m'aurait-il empêché de l'aimer? en aurais-je été moins malheureuse? Non, non, je n'ai point renoncé à l'espoir de le ramener à mes pieds; et par tous les moyens possibles, j'y parviendrai, ou alors, ce n'est pas lui, c'est moi qui mourrai. Maintenant, tu sais tout, tu connais mon secret, et je compte sur ton zèle.

GALIFARD.

Certainement. Mais Madame qui a tant d'esprit doit savoir qu'il y a des demi-confidences qui, loin de gagner les gens, leur donnent au contraire des idées.

LA MARQUISE, étonnée.

Qu'est-ce à dire ?

GALIFARD.

Des idées de curiosité. Moi, je suis curieux, et je me dis souvent, en pensant à ce que Madame vient de m'apprendre : il y a peut-être d'autres choses encore que Madame devrait me confier, dans son intérêt.

LA MARQUISE, sévèrement.

Et comment cela ?

GALIFARD.

Madame me dit : fais ceci, et je le fais : vas, et je vais, mais sans savoir pourquoi ; si je le savais, cela irait peut-être mieux, pour les desseins de Madame.

LA MARQUISE.

Quels desseins ?

GALIFARD.

Je l'ignore, et c'est pour cela que je le demande. Voilà, par exemple, M. de Saint-Brice que Madame protégeait beaucoup, et à qui, sans qu'il s'en doutât, elle a fait avoir un régiment, ce qui l'a fait partir pour Nancy.

LA MARQUISE.

Galifard !

GALIFARD.

C'est bien ! voilà pour son avancement. Mais ensuite, il était le cadet de sa famille. Il avait deux frères aînés qui possédaient les titres, la fortune, et il s'est trouvé tout à coup héritier de leur rang et de leurs richesses.

LA MARQUISE, avec angoisse.

Il suffit.

GALIFARD.

C'était fort heureux pour lui.

LA MARQUISE, de même.

Assez, assez, encore une fois.

GALIFARD, d'un air respectueux.

Ce que j'en dis était pour prouver à Madame que je suis la fidélité, la discrétion même.

LA MARQUISE.

C'est ce que nous verrons. Demain à Paris, je vous parlerai.

GALIFARD, naïvement.

Cela vaudra mieux, car jusque là je ne suis engagé à rien. Et comme je n'ai pas grand esprit, ce que je vous ai raconté là, je serais capable de le dire de même, et tout bêtement, au premier venu; à M. de Saint-Brice, par exemple.

LA MARQUISE, avec effroi.

O ciel! (Se reprenant.) C'est bien, Galifard, c'est bien. Retournez à Paris, à l'hôtel, sur-le-champ.

GALIFARD.

Sur-le-champ! cela plaît à dire à Madame. Je suis parti à jeun, et je ne m'en retournerai pas de même, surtout dans une maison qui doit être bonne; une cuisine de fermier-général.

LA MARQUISE.

Comme vous voudrez; passez à l'office. Faites-vous bien traiter.

GALIFARD.

Je vous promets de me soigner, et cette promesse-là, je la tiendrai. Je prie Madame de ne pas oublier les siennes.

(Il sort.)

SCÈNE VII.

LA MARQUISE, SEULE.

Moi, qui ne m'en défiais pas; il a des soupçons, cela est certain; peut-être même plus encore. Et avoir un pareil homme pour confident, pour complice, lorsque tout à l'heure encore j'espérais échapper à tous les souvenirs, et sortir enfin de cette atmosphère de crimes qui m'environne! Jamais, jamais je ne pourrai m'y soustraire. Et si près d'y parvenir, c'est un pareil obstacle qui m'arrêterait!... Qui vient là?

SCÈNE VIII.

LA MARQUISE, MADELON.

MADELON.

Mademoiselle s'inquiétait de votre absence.

LA MARQUISE.

Calmez-la, ce n'est rien. (Montrant les lettres qu'elle tient à la main.) Des lettres qui m'arrivent de Paris, et auxquelles je suis obligée de répondre sur-le-champ.

MADELON.

Je vais lui dire...

LA MARQUISE.

Attendez; un de mes gens est là, à l'office. Il déjeune pendant que je fais mon courrier. Veillez à ce qu'il ne manque de rien.

MADELON.

Madame peut être tranquille. Un jour de noce tout le monde est bien traité. Je l'ai vu avec une bouteille de vin de Bordeaux et une aile de poulet; est-ce assez?

LA MARQUISE.

C'est bien; joignez-y quelques friandises, quelques biscuits; ceux qui sont chez moi, sur ma cheminée.

MADELON.

Oui, madame... un ou deux?

LA MARQUISE.

Comme vous l'entendrez.

MADELON.

Madame peut être tranquille.

(Elle sort)

SCÈNE IX.

LA MARQUISE, SEULE.

AIR.

(M. Paër.)

Oui, mon repos l'exige, et mon cœur qui balance,
Écoute trop long-temps des remords superflus;
Vers l'abîme fatal, où sans effroi j'avance,
Que m'importe un pas de plus?

14

Bien jeune encor, hélas ! de la tendresse,
De la vertu, je connus les douceurs ;
Plus tard , j'ai vu se flétrir ma jeunesse
Par les conseils d'infâmes séducteurs.
Jours innocens ! jours heureux ! jours prospères !
Vous avez fui loin de moi sans retour !
Et maintenant, de mes vertus premières
Je n'ai gardé que mon premier amour.

O fatale ivresse !
O transports brûlans !
C'est vous qui, sans cesse,
Portez dans mes sens
Ce feu que rallume
Son seul souvenir,
Et qui me consume
Sans m'anéantir.

Bientôt, peut-être, l'heure
Arrivera pour moi ;
Je l'attends sans effroi.
Qu'importe que je meure !
Pourvu qu'il soit à moi.

O fatale ivresse, etc.

SCÈNE X.

LA MARQUISE, SAINT-BRICE, ENTRANT PAR LE FOND.

LA MARQUISE, l'apercevant.

O ciel ! M. de Saint-Brice ! Vous, mon ami, vous
dans ces lieux ! et qui vous amène ?

SAINT-BRICE.

L'impatience de vous voir. J'ai obtenu un congé;
et en arrivant ce matin à Paris, j'ai couru d'abord à
votre hôtel, rue Neuve-Saint-Paul. On m'a dit que

vous étiez absente pour quelques jours, et que vous demeuriez à Versailles, chez M. de Vernillac, fermier-général.

LA MARQUISE, vivement.

Qui vous a dit cela ?

SAINT-BRICE.

Une espèce d'intendant à qui j'ai parlé.

LA MARQUISE, à part.

Galifard ! Il ne m'en avait pas prévenue, le traître !

SAINT-BRICE.

Par malheur, un rendez-vous que j'avais avec le ministre m'a pris une partie de ma matinée; mais libre enfin de tout soin, j'accours auprès de vous, qui êtes ma protectrice et mon amie.

LA MARQUISE.

Dites-vous vrai ?

SAINT-BRICE.

Jamais je n'eus plus besoin de votre amitié et de vos conseils.

LA MARQUISE.

Ma fortune, ma vie, tout est à vous. Parlez, de grâce, parlez.

TRIO.

(M. Batton.)

SAINT-BRICE.

J'espérais, hélas ! par l'absence,
Chasser un cruel souvenir ;
Et ni le temps, ni la distance,
De mon cœur n'ont pu le bannir.

LA MARQUISE, avec douleur.

Eh ! quoi, malgré son inconstance,

Vous conservez son souvenir ?

(A part, en le regardant.)

Ah ! ni le temps, ni la distance,
De l'amour ne peuvent guérir.

SAINT-BRICE.

Oui, je l'aime encor, l'infidèle.

LA MARQUISE.

Quel trouble règne dans mes sens !

SAINT-BRICE.

Et je ne puis vivre sans elle.

LA MARQUISE.

Ah ! rien n'égale mon tourment !

ENSEMBLE.

SAINT-BRICE, à part.

Oui, je rougis de mon délire ;
Mais je le sens, et malgré moi,
Je brûle encore, et je soupire
Pour celle qui trahit ma foi.

LA MARQUISE, à part.

Cachons ma rage et mon délire,
Moi qui lui consacrais ma foi ;
Il est malheureux... il soupire...
Et pour une autre que pour moi.

SAINT-BRICE.

Je veux une fois dans ma vie
La voir encor.

LA MARQUISE, effrayée.

Dieu ! quel projet !

SAINT-BRICE.

Lui reprocher sa perfidie,
Et puis m'éloigner pour jamais.

LA MARQUISE.

Croyez-en la voix d'une amie :

Quittez ces lieux, et pour jamais.

(Avec mystère.)

De l'abandon d'une infidèle
Vous y verriez bientôt, hélas !
La preuve certaine et cruelle...

SAINT-BRICE.

Que dites-vous ?

LA MARQUISE.

Ne m'interrogez pas.

ENSEMBLE.

LA MARQUISE, à part.

Cachons ma rage et mon délire,
Moi qui lui consacre ma foi ;
Il est malheureux... il soupire,
Et pour une autre que pour moi.

SAINT-BRICE, à part.

Oui, je rougis de mon délire,
Mais je le sens, et malgré moi,
Je brûle encore, je soupire
Pour celle qui trahit ma foi.

LA MARQUISE.

Pour vous plus d'espérance !
Que l'oubli, que l'absence
Soit la seule vengeance
D'un amant malheureux ;
Aux conseils d'une amie,
Dont la voix vous supplie,
Rendez-vous, je vous prie,
Abandonnez ces lieux.

SAINT-BRICE.

Pour moi plus d'espérance ;
Mais de son inconstance
Je veux avoir vengeance :
Je suis trop malheureux !
En vain, dans ma folie,

Je voudrais d'une amie
Suivre la voix chérie,
Hélas ! je ne le peux.

SCÈNE XI.

LES PRÉCÉDENS, VERNILLAC.

VERNILLAC, à la marquise.

Venez, Madame... enfin tout comble mon attente.
Vous seule nous manquez. Venez.

LA MARQUISE.

Oui, me voici.

VERNILLAC, apercevant Saint-Brice.

Quel est Monsieur ?

LA MARQUISE.

Souffrez que je vous le présente :
Monsieur de Saint-Brice, un ami.

VERNILLAC.

Il doit alors être le nôtre.

(Bas.)

Ne dois-je pas le convier ?

LA MARQUISE, de même.

Gardez-vous-en... de lui, plus que tout autre,
Il faut vous défier.

VERNILLAC.

Pour quel motif ?

LA MARQUISE.

Plus tard je me ferai comprendre.

(De l'autre côté, bas à Saint-Brice.)

Demain, à mon hôtel...

SAINT-BRICE.

Vous daignerez m'attendre.

LA MARQUISE.

Je l'ai dit... mais partez. A demain.

SAINT-BRICE.

A demain.

LA MARQUISE, à Vernillac.

Et vous, mon cher, voici ma main.

ENSEMBLE.

LA MARQUISE.

Pour lui, plus d'espérance ;
Et servant ma vengeance,
L'objet de sa constance
Va former d'autres vœux.
Aux conseils d'une amie,
Dont la voix vous supplie,
Rendez-vous, je vous prie.,
Abandonnez ces lieux.

SAINT-BRICE.

Pour moi, plus d'espérance ;
Mais de son inconstance
Je veux avoir vengeance :
Je suis trop malheureux !
En vain, dans ma folie,
Je voudrais d'une amie
Suivre la voix chérie ;
Hélas ! je ne le peux.

VERNILLAC.

Oui, malgré moi, d'avance,
A trembler je commence ;
Cherchons avec prudence.
Qui l'amène en ces lieux.
Croyons-en une amie
Qui doit être obéie ;
De lui je me méfie :
Ayons sur lui les yeux.

(Vernillac sort avec la marquise.)

SCÈNE XII.

SAINT-BRICE, MADELON.

SAINT-BRICE.

Allons, puisqu'elle le veut absolument, puisque je l'ai promis, attendons à demain, et retournons à Paris. Aussi bien, si j'en juge par les apprêts que je vois, par l'air de fête qui règne en cette maison; il y a sans doute ici quelque grande cérémonie, quelque joyeux évènement... Eh! mais, quel tapage dans la rue! et quel bruit de voitures!

MADELON, entrant et regardant.

Les voilà qui partent; quelle file de carrosses! tout cela, pour aller à l'église qui est à deux pas. Il n'y a qu'une chose qui me fasse peine, c'est ma pauvre maîtresse, si triste et si pâle, au milieu de tous ces beaux messieurs qui lui adressent des complimens... (Apercevant Saint-Brice.) Eh bien! en voilà un qui est en retard. Dépêchez-vous donc, Monsieur, ils sont partis!

SAINT-BRICE.

Qui donc?

MADELON.

Les mariés. La cérémonie doit déjà être commencée; car il y avait long-temps que monsieur l'aumônier les attendait.

SAINT-BRICE.

Pardon. Il y a donc ici un mariage?

MADELON.

Oui, vraiment.

SAINT-BRICE.

J'aurais dû m'en douter.

MADELON.

Est-ce que Monsieur n'est pas de la noce?

SAINT-BRICE.

Non, ma chère.

MADELON.

Monsieur voudrait parler à M. de Vernillac?

SAINT-BRICE.

Du tout.

MADELON, un peu déconcertée.

Eh bien! alors, que demandez-vous? et qui êtes-vous donc? car, dans ce temps-ci, on aime à savoir à qui on a affaire.

SAINT-BRICE.

N'ayez pas peur; je suis un ami de la marquise, M. le comte de Saint-Brice.

MADELON, avec surprise.

Ah! mon Dieu!

SAINT-BRICE.

Qu'a-t-elle donc?

MADELON

M. le comte Arthur de Saint-Brice?

SAINT-BRICE.

Précisément.

MADELON.

Dont le régiment est depuis un an en garnison à Nancy?

SAINT-BRICE.

C'est cela même.

MADELON.

Et vous arrivez ici aujourd'hui? C'est indigne à vous.

SAINT-BRICE.

Et pourquoi donc?

MADELON.

Je n'ai pas besoin de vous le dire. Mais il y a quelqu'un au monde à qui vous pouvez vous vanter d'avoir fait bien du chagrin.

SAINT-BRICE.

Moi, mon enfant?

MADELON.

Oui, vous. Je ne souhaite de mal à personne, mais si vous êtes jamais aussi malheureux qu'elle, ce sera bien fait; et cela prouvera qu'il y a une justice.

SAINT-BRICE.

Et de qui veux-tu donc parler?

MADELON.

Pardi! de ma pauvre maîtresse, mademoiselle Hortense de Montmélian.

SAINT-BRICE.

Celle qui m'a trahi!

MADELON.

C'est bien plutôt vous. Fi! Monsieur; fi! l'horreur! vous qu'elle aimait tant, ne lui avoir pas écrit une seule fois; avoir laissé toutes ses lettres sans réponse!

SAINT-BRICE.

Que me dis-tu là? Je n'ai rien reçu d'elle; je te l'atteste.

MADELON.

Ce n'est pas à moi que vous le ferez accroire ; moi
qui, en Touraine, au château d'Amboise, portais tous
les jours moi-même les lettres à la poste.

SAINT-BRICE.

O ciel ! Et tu dis qu'elle me regrette, qu'elle est
malheureuse ?

MADELON.

Si malheureuse, que c'est malgré elle, que c'est
par désespoir qu'elle se marie.

SAINT-BRICE, hors de lui.

Se marier ! et qui donc ?

MADELON.

Hortense.

SAINT-BRICE.

Et à qui ?

MADELON.

A M. de Vernillac.

SAINT-BRICE.

Et quand donc ?

MADELON.

Maintenant, dans l'instant.

SAINT-BRICE.

Ah ! ma raison s'égare ! courons.

SCÈNE XIII.

LES PRÉCÉDENS, VERNILLAC, HORTENSE,
LA MARQUISE, CHOEUR DES GENS DE LA NOCE.

FINAL.

(M. Batton.)

CHOEUR.

Ils sont unis... ah ! quelle ivresse !
L'hymen couronne leur tendresse :
Amis, célébrons tour à tour
La beauté, l'hymen et l'amour.

HORTENSE, conduite par son mari, va remercier tous les conviés. Arrivée
près de Saint-Brice, elle lève les yeux et le reconnaît.

Que vois-je ? Arthur !

SAINT-BRICE, à part.

Ah ! c'est bien elle.

(Avec douleur.)

C'en est donc fait ! mon malheur est comblé.

VERNILLAC, s'adressant à Hortense.

Qu'avez-vous donc ? quelle pâleur mortelle !

(Regardant Saint-Brice.)

Et lui, cet étranger, comme il a l'air troublé !

LA MARQUISE, bas à Vernillac.

Je vous l'avais bien dit : silence !

(Bas, de l'autre côté, à Saint-Brice.)

Et vous, en sa présence,
Par prudence, modérez-vous,

(Montrant Vernillac.)

Songez que c'est là son époux.

SAINT-BRICE, avec rage.

Son époux !

ENSEMBLE.

SAINT-BRICE et HORTENSE, à part.

O destin qui m'accable !
O funeste avenir !
Pour jamais misérable,
Je n'ai plus qu'à mourir.

LA MARQUISE, à part.

Cet hymen qui l'accable
Vient de les désunir,
Et le sort favorable
Ne peut plus me trahir.

VERNILLAC, à part.

O rencontre incroyable !
Tous deux semblent frémir ;
Et d'un trouble semblable
Je ne puis revenir.

CHOEUR.

Près d'une femme aimable
Ses jours vont s'embellir,
Quel destin agréable !
Quel heureux avenir !

LA MARQUISE, regardant Saint-Brice.

Je l'emporte ; il n'est plus d'obstacle,
Pour s'opposer à mes projets.

SCÈNE XIV.

LES PRÉCÉDENS, GALIFARD.

GALIFARD, entrant par le fond, et s'adressant à Vernillac.

Monsieur est servi.

LA MARQUISE, étonnée, et à part.

Quel miracle !

C'est Galifard ! j'espérais

(Haut.)

En être délivrée. Eh ! quoi, c'est vous !

GALIFARD , appuyant sur les mots.

Moi-même.

Frais... dispos... et bien portant.

LA MARQUISE, à part.

Quand j'y pense , c'est étonnant !

VERNILLAC , lui frappant sur l'épaule.

A-t-on eu soin de vous , mon ami ?

GALIFARD.

Mais , vraiment

J'ai bien bu, j'ai mangé de même.

(A la marquise.)

Et de votre obligeance extrême
Votre humble serviteur sera reconnaissant.

SAINT-BRICE ET HORTENSE.

O destin qui m'accable !
O funeste avenir !
Pour jamais misérable ,
Je n'ai plus qu'à mourir.

VERNILLAC.

O rencontre incroyable !
Tous deux semblent frémir ;
Et d'un trouble semblable
Je ne puis revenir.

LA MARQUISE.

O hasard qui m'accable !
Je n'en puis revenir :
Le destin favorable
Voudrait-il me trahir !

GALIFARD.

C'est vraiment fort aimable,
Je dois m'en applaudir ;

Et d'un bienfait semblable
Gardons le souvenir.

CHŒUR.

Ils sont unis… ah ! quelle ivresse !
L'hymen couronne leur tendresse.
Amis, célébrons tour à tour
La beauté, l'hymen et l'amour.

FIN DU PREMIER ACTE.

ACTE DEUXIÈME.

Une chambre à coucher élégante. A droite, une table sur laquelle est déposée la corbeille de la mariée. Deux portes au fond.

SCÈNE PREMIÈRE.

SAINT-BRICE, SEUL.

CHOEUR, que l'on entend en dehors.

(M. Blangini.)

Vive le vin ! vive la danse !
A tous les plaisirs livrons-nous ;
Buvons à leur douce alliance,
Buvons à ces heureux époux.

SAINT-BRICE, entrant par la porte du fond, à droite.

RÉCITATIF.

De ces lieux que j'abhore, en vain j'ai voulu fuir :
Un pouvoir inconnu malgré moi m'y ramène.

(Regardant autour de lui.)

Oui, cette chambre est la sienne,
Et nul œil indiscret ne m'y vit parvenir.

AIR.

O Dieu puissant ! toi que j'implore,
Toi qui sais mes tourmens affreux,
Qu'une fois je la voie encore,
Et ce sont là mes derniers vœux !
Oui, du moins, qu'elle apprenne

Que l'envie et la haine
Ont désuni nos jours ;
Et que, toujours fidèle,
Je vais mourir loin d'elle ,
En l'adorant toujours.

(En ce moment le chœur reprend avec plus de force. Il écoute.)

Mais l'heure s'avance,
Du bal qui commence
L'on entend la danse...
O rage ! ô fureur !
Des chants d'allégresse
Et des cris d'ivresse,
Lorsque la tristesse
Règne dans mon cœur !

Dans cette demeure,
Où moi seul je pleure,
Où je maudis l'heure
Qui trompa mes vœux ;
Leur destin prospère
Double ma misère ,
Et moi seul sur terre
Suis donc malheureux ?

CHOEUR , en dehors.

Vive le vin ! vive la danse !
A tous les plaisirs livrons-nous ;
Buvons à leur douce alliance !
Buvons à ces heureux époux !

SAINT-BRICE.

Oui, l'heure s'avance,
Du bal qui commence
L'on entend la danse...
O rage ! ô fureur !
Ces chants d'allégresse,
Et ces cris d'ivresse
Que j'entends sans cesse
Déchirent mon cœur.

SAINT-BRICE.

On vient ; et si quelqu'un de la maison me découvre ici, dans son appartement ! où me cacher ? Dieu ! c'est elle ! et elle est seule. Voilà le premier bonheur qui m'arrive aujourd'hui.

SCÈNE II.

SAINT-BRICE, HORTENSE, entrant par une porte du fond, sans voir Arthur.

HORTENSE, se jetant sur un fauteuil.

Je n'y tiens plus. Les larmes me suffoquaient. J'ai pu m'échapper. Je peux donc pleurer seule un instant.

SAINT-BRICE, à part, et s'avançant doucement.

Ah ! elle est aussi malheureuse que moi ! (A demi-voix.) Hortense, je vous revois enfin ; mais dans quel moment !

HORTENSE, se levant vivement.

M. de Saint-Brice ! (Avec dignité.) Vous, Monsieur, vous dans ces lieux ! qui vous a donné ce droit ?

SAINT-BRICE.

Mes droits ! je les ai tous perdus ; je n'en ai plus d'autres que votre compassion, que votre pitié.

HORTENSE.

Laissez-moi ; je ne dois plus vous voir.

DUO.

(M. Blangini.)

SAINT-BRICE, la retenant par la main.

Un mot, encore un mot, Madame,
C'est, avant de quitter ces lieux,

La seule faveur que réclame
Des amans le plus malheureux.

HORTENSE, avec ironie.

Vous malheureux !
Lorsqu'en vos sermens infidèles,
Bravant mon trop juste courroux,
Vous trahissez pour d'autres belles,
Un cœur qui ne pensait qu'à vous.

SAINT-BRICE, vivement.

Que dites-vous ?
Hélas ! par une indigne trame,
Tous les deux on nous abusait.
Toujours constant, c'est vous, Madame,
Que mon amour accusait.

ENSEMBLE.

O trahison ! ô perfidie !
Et pénétrer de tels secrets,

Lorsque le serment qui $\left\{\begin{array}{l}\text{vous}\\\text{me}\end{array}\right\}$ lie

Nous sépare, hélas ! pour jamais.

SAINT-BRICE.

Comme moi, vous aimiez encore ?

HORTENSE.

Oui, pour mon malheur, je le crois,
Car de cet hymen que j'abhorre,
Je saurai respecter les droits...
Il faut partir, je vous l'ordonne.

SAINT-BRICE.

Quoi ! vous auriez cette rigueur !

HORTENSE.

Arthur ! lorsque tout m'abandonne,
Qu'au moins il me reste l'honneur.

SAINT-BRICE.

Vous perdre, c'est perdre la vie.

HORTENSE.

Ah ! partez, je vous en supplie.

SAINT-BRICE.

Et vous m'aimez ?

HORTENSE.

Plus que jamais !

SAINT-BRICE, avec joie.

Je pars, je pars, je le promets.

ENSEMBLE.

Il faut te fuir encore ;
O toi, mes seuls amours !
Adieu ! toi que j'adore,
Adieu donc, pour toujours !

(Saint-Brice est hors de lui, à ses genoux, baise ses mains, et ne peut
se décider à la quitter.)

HORTENSE.

On vient ; vous me perdez.

SAINT-BRICE.

C'est fait de nous... Non ! grâce au ciel, c'est la
marquise.

SCÈNE III

LES PRÉCÉDENS, LA MARQUISE.

LA MARQUISE, à part.

Ici, ensemble ! tous les deux. (Allant avec colère à Saint-Brice.)
Eh quoi ! Arthur, vous osez...

SAINT-BRICE.

Qu'avez-vous ? vous êtes tremblante ?

LA MARQUISE, cherchant à se remettre.

Oui, d'effroi pour vous ! imprudent que vous êtes, la compromettre ainsi !

SAINT-BRICE.

Ah ! vous avez raison.

LA MARQUISE.

Vernillac a des soupçons, il se doute que vous êtes son rival ; on le lui a dit, ou il l'a deviné, je ne sais comment. Mais il cherchait Hortense ; il la demandait. Il peut monter en cet appartement.

SAINT-BRICE.

Qu'il vienne ; c'est à lui de trembler. Qu'il redoute mon désespoir, ma vengeance !

HORTENSE.

O ciel !

LA MARQUISE.

Arthur, y pensez-vous ! songez à sa position, à la vôtre. Soyez prudent. Heureusement, je suis avec vous, et il n'y a plus rien à craindre. Mais tout à l'heure, là, en tête-à-tête... (A part.) J'ai peine à me contenir. (A Saint-Brice.) Pardon, c'est plus fort que moi ; je suis si émue...

SAINT-BRICE.

Autant que nous, en effet. (Lui prenant la main.) Notre amie !

HORTENSE.

Notre seule amie !

LA MARQUISE.

Rentrez au salon, où il ne faut pas que votre absence se prolonge plus long-temps.

HORTENSE.

Oui, Madame. (A Saint-Brice.) Adieu, Arthur, adieu
pour jamais.

SAINT-BRICE, lui baisant la main qu'il ne peut quitter.

Adieu!

LA MARQUISE, à part.

Et devant moi. Ah! je me sens mourir. (A Saint-Brice.)
Éloignez-vous, il le faut.

SAINT-BRICE, regardant Hortense, qui vient de sortir.

Ah! maintenant je vous le promets.

LA MARQUISE.

Et pour en être plus sûre, c'est avec moi que vous
partirez. Je vous emmène.

SAINT-BRICE.

Vous le voulez, et je vous en remercie. Votre
présence, votre amitié peuvent seuls adoucir mes
peines.

LA MARQUISE.

Demandez mes chevaux, ma voiture, et revenez
me donner la main.

SAINT-BRICE.

Oui, Madame, oui; ah! je suis bien malheureux!

(Il sort.)

LA MARQUISE.

Et moi donc; mais grâce au ciel mes tourmens fini-
ront. (Avec satisfaction.) Séparés maintenant, séparés pour
jamais! et bientôt peut-être... (Avec joie.) Ah! oui. Qui
pourrait s'y opposer... (Se retournant vers le fond.) Ah! c'est
ce Galifard!

SCÈNE IV.

LA MARQUISE, GALIFARD.

GALIFARD.

Je vous cherchais ; je viens prendre vos ordres, Madame. Madame a-t-elle quelque chose à me commander pour Paris ?

LA MARQUISE.

C'est inutile, car j'y retourne moi-même, dès ce soir.

GALIFARD, avec intérêt.

Et Madame y retourne seule, à une pareille heure ?

LA MARQUISE.

Je vous remercie de vos craintes pour moi... Mais rassurez-vous, M. de Saint-Brice m'accompagnera.

GALIFARD.

Quoi ! ce jeune homme, avec Madame, dans sa voiture ; ça ne se peut pas.

LA MARQUISE.

Et pourquoi donc ?

GALIFARD, froidement.

Parce que ce ne serait pas convenable.

LA MARQUISE, étonnée.

Par exemple !

GALIFARD, ingénument.

Madame me répondra à cela qu'elle est libre, qu'elle est veuve, et que peut-être même déjà elle le regarde comme un futur époux.

LA MARQUISE.

Et quand il serait vrai? je vous trouve bien hardi...

GALIFARD.

Ce que j'en dis n'est pas pour moi, à qui cela est parfaitement égal; mais c'est dans l'intérêt de Madame.

LA MARQUISE.

Et comment cela?

GALIFARD, avec ironie.

Un jeune homme qui est la candeur, la douceur, la bonté même. Cela ne peut pas convenir à Madame.

LA MARQUISE.

Quelle insolence!

GALIFARD, levant la tête avec fierté.

C'est possible; j'ai changé de défaut. Ce matin j'avais celui d'être bête, je m'en suis corrigé.

LA MARQUISE.

Quel changement; et qui donc êtes-vous?

GALIFARD, reprenant son air simple.

Je vous l'ai dit : Galifard, un simple garçon pharmacien, élève, comme vous, du chevalier de Sainte-Croix, votre maître, qui a, comme vous, quelques connaissances en chimie, et qui mettant jusqu'à présent sa science au service de la vôtre, vous a secondé dans toutes vos entreprises, sans rien voir, sans rien dire...

LA MARQUISE, à part.

O ciel!

GALIFARD.

Et qui, content du sort que vous lui faisiez, n'aurait peut-être rien exigé davantage, sans ce déjeuner.

de ce matin, qui, par une attention délicate, devait être mon dernier repas.

LA MARQUISE.

Vous pourriez supposer...

GALIFARD, vivement.

Mais aussi habile que vous, j'avais les moyens de rendre nulle votre générosité. Je vous conseille donc à l'avenir de renoncer à me faire des présens, c'est du bien perdu. Comme cette tabatière en or, dont vous m'avez gratifié en sortant de table. (La tirant de sa poche.) Elle contient un macoubac, terrible peut-être pour tout autre amateur, que Dieu bénisse; mais pour moi tout-à-fait innocent. Ainsi, vous le voyez, nous pouvons nous dire mutuellement ce que disait l'autre jour le chevalier de Grammont à un joueur aussi adroit que lui : « Nous ne nous ferons rien, payons les cartes. »

LA MARQUISE.

Monsieur!...

GALIFARD.

Après cela vous les paierez, peut-être un peu cher; c'est votre faute. Mais voici mes conditions : vous n'épouserez pas M. de Saint-Brice.

LA MARQUISE.

Que dites-vous?

GALIFARD.

Parce que je vous destine un autre parti.

LA MARQUISE.

Quel est-il?

GALIFARD.

Moi.

LA MARQUISE.

Une telle infamie...

GALIFARD.

Ne doit pas vous étonner. Vous avez une immense fortune; je n'ai rien que mes talens, et entre as sociés...

LA MARQUISE.

Jamais, jamais; plutôt mourir. Et quand vous connaissez mon amour; quand vous savez qu'il était le but de toutes mes actions, et le seul espoir de ma vie...

GALIFARD, souriant.

Oui, cela change un peu vos plans. (Sévèrement.) Mais il le faut; je le veux, ou j'ai là les moyens de vous perdre. (Tirant son portefeuille.) Ces ordres que vous m'avez donnés par écrit, et dont le sens, quoique détourné, serait aisément compris ou expliqué; ces lettres de vous que j'ai gardées...

LA MARQUISE.

Ah! traître que tu es! c'est là ce qui fait ta force. Eh bien! livre-moi, tu le peux, tu en es le maître.

GALIFARD, froidement.

A quoi bon? et qu'y gagnerais-je? vous me supposez des intentions que je n'ai pas. Je ne demande rien, je vous l'ai dit, que ce mariage, secret si vous voulez, qui aura lieu en Italie, en pays étranger, où cela vous conviendra. Mais vous m'appartiendrez, votre fortune du moins. Après cela, et quoique Italien, je ne suis ni exigeant, ni jaloux; et une fois marié, je ne serai pas ridicule; vous n'aurez à craindre de moi ni infidélité, ni indiscrétion; et pour encou-

rager votre confiance, je commencerai, je vous donnerai l'exemple. Je m'en rapporte à votre bonne foi
et à votre générosité. (Lui tendant le portefeuille.) Voici vos
lettres.

LA MARQUISE.

Est-il possible !

GALIFARD.

Elles y sont toutes; vous pouvez les examiner à
loisir. (Voyant la marquise qui se hâte de serrer le portefeuille.) Mais
pour cela, vous n'en êtes pas moins en mon pouvoir;
vous renverrez M. de Saint-Brice, il retournera à
Paris, seul et sans vous.

LA MARQUISE.

M'imposer de telles conditions !

GALIFARD.

Vous les tiendrez, s'il vous est cher; car à la
moindre infraction à nos traités, je me venge sur lui
par les mêmes moyens que vous m'avez enseignés.

LA MARQUISE, tremblante et s'appuyant sur un fauteuil.

C'est fait de moi !

GALIFARD, l'examinant et avec joie.

Ah! vous l'aimez bien ! car je vous ai fait trembler;
je ne me croyais pas tant de pouvoir. Alors, pensez
à lui, car le voici.

SCÈNE V.

LES PRÉCÉDENS, SAINT-BRICE, MADELON.

MADELON.

La voiture de Madame est à ses ordres. (A Saint-Brice.)
Et puisque vous partez avec elle...

SAINT-BRICE.

Oui, je suis prêt à l'accompagner..

LA MARQUISE, cherchant à cacher son trouble.

C'est bien... pas encore... tout à l'heure... je suis à vous.

GALIFARD, bas.

Ce n'est pas là ce dont nous sommes convenus.

SAINT-BRICE.

Auriez-vous différé votre départ ?

LA MARQUISE.

Oui, pour quelques instans.

(Galifard tire de sa poche la tabatière d'or et frappe légèrement dessus avant de l'ouvrir; la marquise voit ce geste.)

LA MARQUISE.

O ciel ! (A Saint-Brice.) Il faut d'abord que je vous voie, que je vous parle.

SAINT-BRICE, vivement.

Disposez de moi.

(Madelon, pendant ce temps, range tout dans l'appartement, prend la corbeille qui est sur une chaise, la met sur la table et regarde ce que contient le bouquet, etc.)

LA MARQUISE, le regardant avec crainte et tendresse.

Oui, je reste auprès de vous; je ne vous quitterai pas. Il le faut, je le dois; je dois veiller sur vous.

GALIFARD, qui a ouvert froidement la tabatière, la présente à Saint-Brice.

Monsieur le comte veut-il me faire l'honneur...

(Saint-Brice, sans lui répondre, ôte son gant et se dispose à prendre dans la tabatière. Mais avant que ses doigts y aient touché, la marquise se jette entre lui et Galifard.)

LA MARQUISE, vivement.

Partez, partez sur-le-champ.

SAINT-BRICE, étonné.

Comment... et ce que vous me disiez tout à l'heure ?

LA MARQUISE, cherchant à se remettre.

Certainement; moi, je reste, j'ai des motifs, qui jusqu'à demain me retiennent ici. Mais vous, c'est différent; vous savez bien, et c'était convenu, qu'il faut vous éloigner à l'instant. Nous nous reverrons plus tard.

GALIFARD, froidement et jouant toujours avec la boîte.

C'est bien !

LA MARQUISE.

Mais il y va de ce que j'ai de plus cher; partez sans moi; je le veux, je l'exige.

SAINT-BRICE.

J'obéis; mais auparavant...

LA MARQUISE.

Non, sortez de ces lieux, tout de suite; je le demande. Adieu.

(Saint-Brice s'incline.)

GALIFARD, remettant la tabatière dans sa poche.

A la bonne heure !

(La marquise veut encore se rapprocher de Saint-Brice, mais elle rencontre un regard de Galifard qui la force à s'éloigner.)

SCÈNE VI.

SAINT-BRICE, MADELON.

MADELON.

C'est une amie véritable que vous avez là et elle a bien raison; il faut bien partir.

SAINT-BRICE.

Oui, je le sens comme elle; mais m'éloigner sans apprendre à Hortense les motifs de ce départ.

MADELON, l'entraînant.

Il le faut.

SAINT-BRICE, apercevant l'encrier, qui est sur la table, à sa droite, y court et s'assied.

Ah!

MADELON.

Eh bien! que faites-vous?

SAINT-BRICE.

Rien qu'un mot, un seul mot! (Écrivant.) Qu'elle sache que c'est pour son repos, pour son honneur que je m'arrache des lieux qu'elle habite!

MADELON, avec crainte et regardant autour d'elle.

Et si l'on vous surprenait dans cette chambre qui est la sienne?

SAINT-BRICE, sans regarder.

Non, personne! (Écrivant toujours.) Elle saura que le temps ni l'absence ne peuvent nous désunir; et ce serment que je signe d'être toujours à elle, je le tiendrai jusqu'à la mort! (Se levant, et à Madelon.) Tiens, remets-lui ce billet.

MADELON.

Y pensez-vous?

SAINT-BRICE.

Une lettre tout ouverte! ce sont mes adieux, mes derniers adieux; qu'elle les lise, et je pars moins malheureux.

(Le marquise paraît en ce moment à la galerie du fond; elle voudrait parler à Saint-Brice, mais le voyant avec Madelon, elle s'arrête.)

MADELON.

Impossible aujourd'hui d'approcher de Madame, monsieur ne la quitte pas un instant.

SAINT-BRICE.

Eh bien, ce soir, demain! je t'en conjure, il y va de ma vie!

MADELON, prenant la lettre.

Pauvre jeune homme! Mais moi-même je n'oserai jamais. (Apercevant la corbeille qui est sur la table.) Ah! une idée. (Elle va à la corbeille, y prend un bouquet de roses, y cache la lettre et remet le bouquet dans la corbeille.) Comme cela, cela vaut mieux. J'avertirai madame de la prendre.

SAINT-BRICE.

A merveille!

MADELON.

Si toutefois M. de Vernillac me permet de lui parler; car les maris, c'est terrible! surtout les nouveaux. (Geste de colère de Saint-Brice.) Mais partez, Monsieur, partez.

SAINT-BRICE.

Un instant encore...

MADELON, le poussant et l'entraînant avec elle.

Non, non, je ne vous quitte pas que je ne vous aie vu dehors.

(Ils sortent par la porte à droite du spectateur; la marquise entre par la porte à gauche.)

SCÈNE VII.

LA MARQUISE, seule, vivement.

Un billet, là, dans cette corbeille, pour Hortense.

(Elle va à la corbeille et prend le bouquet de roses.)

Lisons vite! Quand il y a à peine une heure qu'il l'a quittée. Que peut-il avoir à lui dire? (Tenant la lettre.) Ma main tremble malgré moi. (Lisant avec émotion et dépit.) Ah! que d'amour! (Avec douleur.) Tout ce que j'éprouve, il l'a écrit, et c'est à elle!

(Lisant à haute voix et distinctement la lettre.)

« Oui, Hortense, je vous ai aimée et vous aimerai
« toujours! la trahison a pu nous séparer, mais non
« nous désunir. Vos nouveaux sermens ne me déga-
« gent pas des miens; j'y resterai fidèle, je resterai
« libre; et tant que vous vivrez, aucune union, au-
« cun hymen n'engagera ma foi; je vous le jure, et
« j'en signe la promesse. »

Qu'ai-je lu! Ainsi se dissipe mon seul espoir!

(Elle reploie la lettre qu'elle remet dans le bouquet.)

Après tant d'efforts pour l'unir à moi! après tant d'obstacles détruits, il en reste encore! Ce Galifard! cette Hortense qui est perdue pour lui, et dont le souvenir vient encore se placer entre nous. Ah! que ne puis-je renverser tout ce qui nous sépare! me dé-faire à la fois de tous mes ennemis!

(Elle se rapproche de la corbeille, reprend le bouquet de roses et la lettre, et joue de l'autre main avec un flacon de cristal attaché à sa ceinture.)

Oui, c'est bien là de l'amour, de l'amour passionné, insurmontable. Tant qu'elle vivra... Et quand je pense qu'une goutte de ce flacon peut me délivrer à jamais de l'ennemie la plus redoutable pour moi ! (S'arrêtant et détournant la tête.) Ah ! une pauvre fille qui ne m'a jamais offensée... (Reprenant avec colère.) Jamais offensée ! mais il l'aime, il l'aimera toujours ! unis ou séparés, il sera toujours à elle ; il lui appartiendra, *et tant qu'elle vivra !* (Avec rage.) Tant qu'elle vivra !...

(Par un mouvement convulsif et presque involontaire, elle jette sur le bouquet quelques gouttes du flacon.)

Dieu ! l'on vient !

(Elle remet le bouquet dans la corbeille et s'en éloigne.)

SCÈNE VIII.

LA MARQUISE, VERNILLAC, HORTENSE, MADE-LON, HOMMES ET FEMMES DE LA NOCE, VENANT ASSISTER AU COUCHER DE LA MARIÉE.

FINAL.

(M. Carafa.)

CHOEUR.

Dans le mystère et le silence
Conduisons ces heureux époux ;
Oui, voici la nuit qui s'avance,
Voici minuit, retirons-nous.

(Ici l'on entend dans le lointain un air de danse.)

VERNILLAC.

J'en ai les craintes les plus grandes,
Ce bal-là n'en finira pas ;
Entendez-vous encor là-bas
Les menuets, les sarabandes ?

LA MARQUISE, à Vernillac, s'efforçant de sourire.

Adieu, moi, je retourne à Paris à l'instant.

VERNILLAC, à la marquise.

Si les autres, du moins, pouvaient en faire autant !
Moi, que le bal n'amuse guère,
Je voulais m'échapper sans bruit ;
Et ces messieurs, avec mystère,
Jusqu'ici m'ont tous reconduit.

CHOEUR.

Dans le mystère et le silence
Conduisons ces heureux époux ;
Oui, voici la nuit qui s'avance,
Voici minuit, retirons-nous.

HORTENSE, à part, à droite du théâtre.

Que désormais l'honneur seul me conseille !

MADELON, s'approchant d'Hortense, lui dit à demi-voix :

Une lettre de lui !

HORTENSE, vivement.

Je dois la refuser.

MADELON, montrant la table à gauche.

Dans un bouquet de fleurs, là ! dans cette corbeille !...

VERNILLAC, qui les voit causer à voix basse, s'approche et entend ces
derniers mots :

« Là ! dans cette corbeille !...

(A part.)

Que veut dire cela ? voudrait-on m'abuser ?

CHOEUR.

Dans le mystère et le silence,
Conduisons ces heureux époux ;
Oui, voici la nuit qui s'avance,
Voici minuit, retirons-nous.

(Tous les gens de la noce sortent. Vernillac ferme les portes.)

SCÈNE IX.

HORTENSE, VERNILLAC.

(Hortense s'est jetée à droite sur un fauteuil, du côté opposé à celui où est la corbeille de noce. Elle reste la tête appuyée sur sa main, et plongée dans ses réflexions. Vernillac, après avoir regardé attentivement autour de lui, s'approche d'elle lentement.)

VERNILLAC.

Lorsque l'hymen qui nous engage,
Tous deux nous enchaîne à jamais,
Dans votre cœur, ce mariage
Ne laisse-t-il aucuns regrets ?

HORTENSE.

Soumise au nœud qui nous engage,
Et toujours fidèle à l'honneur,
Vous obéir dans mon ménage,
Vous plaire sera mon bonheur.

VERNILLAC, la regardant avec défiance.

Ainsi donc, il n'est dans votre ame
Rien dont je puisse être jaloux ?
Eh ! mais... vous vous taisez, Madame ?

HORTENSE, tremblante et baissant les yeux.

Je n'aimerai que mon époux.

VERNILLAC, la regardant.

Et jamais dans votre pensée
Vous n'aurez de secrets pour lui ?

HORTENSE, à part.

De terreur mon ame est glacée.

VERNILLAC, insistant d'une voix sévère.

Jamais de secrets ?

HORTENSE, pouvant à peine parler.

Oui, jamais !

VERNILLAC, d'un air menaçant, et montrant la corbeille.

Pas même ici ?

Parmi ces fleurs...

(A part.)

O ciel ! elle a frémi.

HORTENSE, à part.

La force m'abandonne,
Hélas ! et malgré moi,
Dans mon cœur je frissonne,
Et de trouble et d'effroi.

VERNILLAC, à part.

Malgré moi, je soupçonne
Son trouble et son effroi ;
La prudence l'ordonne,
Soyons maître de moi.

VERNILLAC, à Hortense.

Ce trouble, je le vois, cache quelque mystère
Que je veux pénétrer...

(Il s'élance vers la corbeille.)

Il n'importe à quel prix !

HORTENSE.

Arrêtez ! qu'allez-vous faire ?

VERNILLAC, avec colère.

Vous savez donc ?...

HORTENSE, d'un air suppliant.

Monsieur !

VERNILLAC.

Achevez.

HORTENSE.

Je ne puis.

VERNILLAC, lui prenant la main.

Parlez.

HORTENSE, hors d'elle-même.

Eh bien, je ne puis m'en défendre :

Là, dans ces fleurs....du moins on vient de me l'apprendre,
Car moi, je l'ignorais...

VERNILLAC, avec impatience.

Eh bien ?

HORTENSE, baissant les yeux.

Est un billet.

VERNILLAC, avec colère.

Et de qui ?

HORTENSE, tremblante.

De quelqu'un qui dès long-temps m'aimait.

VERNILLAC.

O fureur !

HORTENSE, vivement et les mains jointes.

De quelqu'un dont l'image est bannie,
Que je ne verrai plus, que pour jamais j'oublie.

VERNILLAC, allant à la table.

Je veux voir cet écrit.

HORTENSE, le retenant.

Monsieur, au nom du ciel !

VERNILLAC.

Je veux le voir.

HORTENSE.

Ah ! par pitié !... par grâce !...

VERNILLAC, la repoussant.

Eh, quoi ! votre cœur criminel
De m'implorer a l'audace !

(Courant à la corbeille et saisissant le bouquet.)

Non, point de pitié, point de grâce.

(Il veut regarder le bouquet, en respire la vapeur empoisonnée, et tombe
sur le fauteuil qui est près de la table, puis, se soulevant avec peine,
il retombe en s'écriant :)

Hortense ! Ah ! je me meurs.

HORTENSE.

Monsieur !... Il n'entend plus ; ô comble de terreurs !

(Lui prenant la main.)

Quel froid mortel !... et seule ici... personne !

(Écoutant au fond.)

Personne autour de moi, quand l'air au loin résonne
Du tumulte du bal et de ses sons joyeux.

(Elle court à plusieurs sonnettes qu'elle tire avec violence.)

Au secours ! au secours !

SCÈNE X.

LES PRÉCÉDENS, MADELON, ENTRANT LA PREMIÈRE, PUIS
PLUSIEURS PERSONNES DE LA NOCE ; LES PORTES DU FOND
RESTENT OUVERTES, ET L'ON ENTEND PENDANT LA FIN DE
CET ACTE UN BRUIT LOINTAIN DE BAL.

MADELON.

Qu'avez-vous ?

(Apercevant Vernillac.)

Ah ! grands dieux !

(Les gens de la noce se pressent autour de lui, et cherchent à le faire
revenir.)

ENSEMBLE.

HORTENSE ET MADELON.

La force m'abandonne,
Hélas ! c'est fait de moi ;
Je tremble, je frissonne
Et d'horreur et d'effroi.

CHOEUR, autour de Vernillac.

Le trépas l'environne,
Et qu'est-ce que je voi ?
Je tremble, je frissonne
Et d'horreur et d'effroi.

CHOEUR, à Madelon, à demi-voix.

Il n'est plus !

MADELON.

Mort... mort! ah! grands dieux !

HORTENSE, voulant s'avancer.

Que dites-vous ?

MADELON, l'empêchant d'approcher.

Éloignez de ses yeux
Ce spectacle affreux.

CHŒUR.

Sortons; éloignons de ces lieux.
Ce spectacle affreux.

(Les gens du bal ont formé des groupes autour de Vernillac, et masquent sa vue à Hortense, que Madelon entraîne. Pendant ce temps, le bruit de bal continue toujours dans le lointain. La toile tombe.)

FIN DU DEUXIÈME ACTE.

ACTE TROISIÈME.

La scène se passe à Paris, rue Neuve-Saint-Paul, dans l'hôtel de la marquise. Un salon. Porte au fond : deux latérales. A gauche du spectateur, une cheminée.

SCÈNE PREMIÈRE.

LA MARQUISE SEULE, ASSISE PRÈS DE LA CHEMINÉE, ET DEUX DOMESTIQUES DEBOUT RECEVANT SES ORDRES.

Vingt personnes à dîner, vous entendez. A côté de moi M. de Soubise et M. de Dangeau. Nous dînerons tard, très tard, à deux heures ! M. de Dangeau est obligé d'aller ce matin à la cour; et c'est pour se rendre à mon invitation qu'il reviendra exprès de Versailles. (Réfléchissant.) De Versailles ! Il nous en rapportera des nouvelles... (Aux deux domestiques.) Je déjeunerai seule, ici, au coin du feu; une tasse de thé, pas autre chose; pour tantôt, que l'on n'épargne rien, et que tout soit convenable. (Ils vont pour sortir.) Un mot encore ; je ne reçois personne ce matin que M. de Saint-Brice, si par hasard il se présentait, et mon intendant Galifard, qui doit venir. Allez, qu'on me laisse.

(Les domestiques sortent.)

SCÈNE II.

LA MARQUISE, SEULE.

Oh! il viendra! il n'aura garde d'y manquer; il m'a fait demander un moment d'entretien, et lui-même a fixé l'heure. C'est fini, nous traitons d'égal à égal! patience! nous verrons qui des deux l'emportera. Commençons par examiner ces lettres que mon imprudence avait laissées entre ses mains, et qu'il m'a rendues, pour donner, disait-il, l'exemple de la générosité. (Ouvrant une des lettres.) Générosité qui lui coûte peu; car ces lettres, il ne pouvait guère en faire usage contre la personne qui les a écrites, sans compromettre celle qui les avait reçues. (Après avoir lu.) Oui, voilà quelques phrases douteuses, que l'on pouvait tourner contre moi. (Prenant d'autres lettres.) Ces deux autres aussi, (réfléchissant) surtout à cause des évènemens qui les ont suivies. (Parcourant d'autres lettres.) J'ai eu tort, grand tort. (Froidement.) Je n'écrirai plus! Brûlons tout cela. (Elle jette l'une après l'autre toutes les lettres au feu.) Me voilà tranquille! Ne reste-t-il plus rien dans ce portefeuille? (Le secouant.) Non. (L'examinant avec attention.) Cependant, et quoique rien ne soit apparent, il me semble à la forme que ce doit être un de ces portefeuilles à secret, inventés par cet Italien, et je crois me rappeler qu'en pressant un des coins de la monture... (Elle pousse un ressort.) Oui, vraiment, c'est bien cela; (Elle retire quelques papiers qu'elle parcourt) des formules, des recettes; il est vraiment plus habile que je ne

pensais, et ce papier rouge plié... (*L'ouvrant.*) Ah !
ah ! un antidote certain : je comprends maintenant
(*Souriant.*) C'est à l'aide de ce préservatif infaillible,
qu'il a déjoué hier matin mes combinaisons. (*Elle jette
au feu la poudre que renfermait ce papier.*) Ennemi difficile à sur-
prendre ! et s'il s'apercevait... (*Avec joie et saisissant une idée
qui lui vient.*) Il ne s'en apercevra pas ! (*Lentement et réfléchissant.*)
Et si l'on remplaçait ce moyen de défense par un
autre tout contraire; si plus tard, trahi lui-même par
ses propres précautions... (*Sortant brusquement de sa rêverie.*)
Qui vient là ?

SCÈNE III.

LA MARQUISE, UN DOMESTIQUE, RENTRANT.

LE DOMESTIQUE, annonçant.

M. Galifard, qui demande à parler à madame la
marquise.

LA MARQUISE, se levant.

Galifard ! (*Froidement.*) C'est bien; je suis à lui.
Faites-le entrer dans ce salon, et qu'il attende : je
vais revenir.

(*Elle prend le papier rouge et le portefeuille qu'elle emporte, et entre
dans l'appartement à gauche.*)

LE DOMESTIQUE, s'inclinant.

Oui, madame. (*Allant à la porte du fond, et s'adressant à Galifard,
qu'il fait entrer.*) Entrez, entrez, madame est occupée,
et elle ne peut vous donner audience que dans un
instant. Attendez là, camarade.

(*Il sort.*)

SCÈNE IV.

GALIFARD , SEUL , LE REGARDANT SORTIR.

Camarade! En voilà un que je mettrai à la porte,
et dès demain. (Regardaut autour de lui.) C'est agréable
d'être chez soi! Bel appartement, bel hôtel! et quand
je pense que bientôt, que dès à présent tout cela
m'appartient. (Souriant.) Mais cela devait finir ainsi :
avec de l'ordre et de l'intelligence, on prospère toujours.

COUPLETS.

(M. Berton.)

Gens sans caractère
Et sans dignité,
Qui, dans la misère
Et la probité
Végétez sans cesse,
Et qui, mal vêtus,
Vantez la sagesse,
L'honneur, les vertus :
Sots, sots que vous êtes,
Changez tous d'emplois,
Car les plus honnêtes
Sont les plus adroits.

Sans peur, sans reproches,
De gros fournisseurs,
En vidant vos poches,
Remplissent les leurs.
Quand ils ont voiture,
Laquais et bon vin,
La probité pure
A pied meurt de faim...

Sots, sots que vous êtes,
Changez tous d'emplois;
Car les plus honnêtes
Sont les plus adroits.

Ah! (A part.) C'est mon épouse!

SCÈNE V.

GALIFARD, LA MARQUISE.

LA MARQUISE, le saluant de la main.

Vous êtes de parole.

GALIFARD.

Toujours, Madame la marquise.

LA MARQUISE.

J'ai trouvé en effet toutes les lettres que vous aviez reçues de moi.

GALIFARD.

Le compte y était bien, n'est-il pas vrai? et il n'en manquait aucune?

LA MARQUISE, lui rendant le portefeuille.

Aucune.

GALIFARD, examinant le portefeuille et voyant qu'il est intact.

La régularité dans mes comptes, c'est une habitude que j'ai prise dans mon état d'intendant. (Mettant le portefeuille dans sa poche.) Et puis, les lettres de Madame m'étaient trop chères, pour ne pas les conserver toutes avec soin; trésor précieux, qui maintenant, je m'en doute, n'existe plus.

LA MARQUISE.

Je viens de les brûler.

GALIFARD.

C'est aussi ce que j'aurais fait à la place de Madame ; et maintenant, grâce au ciel, il n'y a plus entre nous d'autres rapports que ceux de la bonne foi, et d'une inclination mutuelle. On ne pourra plus dire que c'est un mariage d'intérêt.

LA MARQUISE, avec un mouvement de colère qu'elle réprime soudain.

Un mariage ; vous y tenez donc toujours ?

GALIFARD.

Plus que jamais : c'est une idée fixe.

LA MARQUISE.

Et vous n'avez pas pensé à ce qu'on en dirait dans le monde ?

GALIFARD.

Tant pis pour ceux qui en médiraient. (Froidement.) Nous savons, vous et moi, comment les faire taire.

LA MARQUISE, avec hauteur.

Galifard !

GALIFARD.

Après cela, je conviens qu'en France, à Paris, dans vos brillantes sociétés de la place Royale, cela pourrait avoir quelque inconvénient. Mais dans mon pays, en Italie, où je ne suis plus connu, rien ne vous empêche d'épouser le signor Galifardi, ou même le prince Galifardi ; car en Italie nous sommes tous princes.

SCÈNE VI.

LES PRÉCÉDENS, DEUX DOMESTIQUES APPORTANT DU THÉ SUR UN GUÉRIDON QU'ILS PLACENT PRÈS DE LA MARQUISE.

LA MARQUISE.

Ah! c'est bien. C'est mon déjeuner. (Aux domestiques.) Retirez-vous. (A Galifard.) Vous permettez, M. Galifard?

GALIFARD.

Comment donc, Madame!...

LA MARQUISE.

Oserais-je vous offrir une tasse de thé?

GALIFARD.

Certainement, Madame. Aux termes où nous en sommes... c'est un honneur que tout autre que moi serait peut-être bien téméraire d'ambitionner. Mais, comme je vous le disais hier, je ne crains rien; j'ai confiance, j'accepte.

LA MARQUISE, d'un air aimable.

Et vous avez raison. Prenez un siége; mettez-vous là, et parlons d'affaires.

GALIFARD, s'asseyant.

Parlons-en de bonne amitié.

DUO.

(M. Auber.)

ENSEMBLE.

Douce amitié! par ta puissance,
Tout ici-bas est oublié,

Et qu'entre nous règnent d'avance
La confiance et l'amitié.

GALIFARD.

Ainsi donc, et pour l'Italie.
Tous deux nous partons dès demain.

LA MARQUISE, faisant le thé.

Nous partirons pour l'Italie,
Puisque tel est votre dessein.

GALIFARD, la regardant.

C'est là que, d'une tendre amie,
L'amour me destine la main.

LA MARQUISE, préparant toujours le thé.

Ah ! c'est là qu'une tendre amie
Doit au vôtre unir son destin.

GALIFARD.

Destin glorieux qui m'honore !

LA MARQUISE, souriant.

Ah ! nous n'y sommes pas encore.

(Versant du thé, d'abord dans sa tasse, puis ensuite dans celle
de Galifard.)

Déjeunons, mon futur époux.

GALIFARD.

C'est juste.

(La marquise met du sucre dans sa tasse et boit. Pendant ce temps, Galifard, qui a pris son portefeuille, en ouvre le ressort, prend le papier
rouge, et jette dans sa tasse une pincée de la poudre qui s'y trouve ren-
fermée.)

LA MARQUISE, le regardant faire.

Eh ! mais, que faites-vous ?

GALIFARD, froidement, et d'un air détaché.

Rien : c'est mon régime ordinaire !
Une espèce de vulnéraire
Qui rend le thé très *stomacal*,

(Souriant.)

Et l'empêche de faire mal.

LA MARQUISE, souriant.

Une semblable inquiétude
Entre amis !

GALIFARD, souriant aussi.

C'est égal,
On peut, sans le vouloir, se tromper... l'habitude...

LA MARQUISE, pendant qu'il boit.

Oh ! je ne dis plus rien.
C'est bien.

GALIFARD.

N'est-il pas vrai ?

LA MARQUISE.

Très bien, très bien, très bien.

ENSEMBLE.

Douce amitié ! par ta puissance,
Tout ici-bas est oublié ;
Et qu'entre nous règnent d'avance
La confiance et l'amitié.

LA MARQUISE, avec gaîté.

Nous partons donc pour l'Italie !
Et nous partirons dès demain ?

GALIFARD.

Ah ! combien l'hymen qui nous lie
Nous promet un heureux destin !

LA MARQUISE.

Et quel bonheur sera le nôtre !

GALIFARD.

Point de contrainte, de façons.

LA MARQUISE.

Jamais de secrets l'un pour l'autre.

GALIFARD.

Quel bon ménage nous ferons !

ENSEMBLE.

L'hymen qui nous rassemble
N'aura que de beaux jours ;
Buvons, buvons ensemble
A l'hymen, aux amours.

GALIFARD, à part.

Ah ! pour moi, quelle ivresse !
J'ai su, par mon adresse,
Partager sa richesse,
Et l'engager à moi.
Ah ! quel bonheur extrême !
Malgré celui qu'elle aime,
Je la force elle-même
A me donner sa foi.

LA MARQUISE, à part.

Ah ! pour moi quelle ivresse !
Sa haine vengéresse
D'une telle promesse
A dégagé ma foi.
Oui, par ce stratagème,
C'est son adresse même
Qui vient aujourd'hui même
De le livrer à moi.

ENSEMBLE.

L'hymen qui nous rassemble
N'aura que de beaux jours ;
Buvons, buvons ensemble
A l'hymen, aux amours.

SCÈNE VII.

Les précédens, SAINT-BRICE, entrant par la porte a droite, et regardant encore dans l'appartement par lequel il entre.

GALIFART.

Qui vient nous déranger ? On ne peut pas être seul un moment dans son ménage.

LA MARQUISE.

M. de Saint-Brice.

SAINT-BRICE, pâle et agité, entrant brusquement.

Ah ! Madame ! je viens à vous ; si vous saviez... (Apercevant Galifard.) Mais pardon, vous étiez en affaires ; j'attendrai.

LA MARQUISE, d'un ton de prière.

Galifard !

GALIFARD.

Je comprends ! je m'en vais, mais il ne faut pas qu'il s'y accoutume. Faites-lui vos adieux, et demain en Italie.

LA MARQUISE, gaiement.

Soit, je m'y résigne ; il faut bien se faire une raison, et demain, ce soir même, je l'espère, ces idées-là n'auront plus rien qui m'effraie.

GALIFARD.

A la bonne heure ; nous serons unis, je le jure. Adieu, signora.

(Il sort.)

SCÈNE VIII.

La MARQUISE, SAINT-BRICE, qui s'est jeté dans un fauteuil, et qui y reste la tête appuyée dans les mains.

LA MARQUISE, regardant sortir Galifard avec joie.

Adieu, et cette fois, pour jamais; avant une heure je serai sûre de son silence; et libre maintenant de ma main et de mon cœur... (Elle s'approche de Saint-Brice, qui est toujours assis dans le fauteuil.) Qu'avez-vous, mon ami? que vouliez-vous m'apprendre? parlez, vous savez si je vous suis dévouée.

SAINT-BRICE.

Je connais votre amitié, et j'en viens réclamer une grande preuve. Un évènement horrible est arrivé.

LA MARQUISE, à part.

Aurait-il appris déjà?

SAINT-BRICE.

Hier soir à Versailles...

LA MARQUISE, à part.

Il sait tout.

SAINT-BRICE.

Concevez-vous un malheur pareil? le soir même de leurs noces, à peine les avions-nous quittés...

LA MARQUISE.

Eh bien! achevez.

SAINT-BRICE.

Expiré sur-le-champ, comme frappé de la foudre.

LA MARQUISE.

O ciel! celle que vous aimiez tant! cette pauvre Hortense!...

SAINT-BRICE, vivement.

Non, Madame, ce n'est pas elle.

LA MARQUISE, stupéfaite.

Et qui donc?

SAINT-BRICE, de même.

Son mari!

LA MARQUISE, atterrée.

Ah! grand Dieu! mais ce n'est pas possible; c'est épouvantable!

SAINT-BRICE.

La nouvelle n'en est que trop certaine; et vous sentez que l'honneur, la délicatesse, me forcent seuls à contraindre des sentimens que maintenant je serais maître de laisser éclater; car enfin elle est libre, moi aussi; nous nous aimons tous deux; et rien ne peut nous empêcher plus tard d'être unis.

LA MARQUISE, à part.

Tant de périls, tant de crimes, pour en arriver là!

SAINT-BRICE, continuant avec chaleur.

Mais d'ici à ce qu'il me soit permis de réaliser un tel projet, jusqu'à ce que je puisse lui rendre publiquement mes soins et mes hommages, c'est près de vous que je lui ai conseillé de chercher un asile, près de vous qui, seule, nous avez témoigné de l'intérêt; et dans ce moment elle doit être ici, chez vous.

LA MARQUISE, troublée.

Chez moi! je ne puis... craignez de me la confier.

SAINT-BRICE.

Et pourquoi ?

LA MARQUISE.

Je ne sais, mais les convenances et votre présence
chez moi...

SAINT-BRICE.

Je m'éloignerai. Je sais qu'elle est là ; daignez l'ac-
cueillir ; convenez avec elle du temps, de l'époque
où je pourrai me présenter devant elle, je me sou-
mets à tout ; et même aujourd'hui, avant mon départ,
je ne lui ferai mes adieux qu'autant qu'elle et vous
daignerez y consentir.

LA MARQUISE.

C'est bien : laissez-nous.

SAINT-BRICE, lui baisant la main.

Ah ! que vous êtes bonne !

(Il sort par le fond.)

SCÈNE IX.

LA MARQUISE, HORTENSE.

LA MARQUISE, à part.

Les laisser se voir, s'aimer ! Je ne le pourrais pas !
Que faire cependant ? elle ne serait plus, qu'il l'aimerait encore ; ils s'aimeront donc toujours ! oh ! non,
non. (Haut à Hortense qui s'avance lentement et les yeux baissés.) Approchez, mon enfant.

HORTENSE.

M. de Saint-Brice vous quitte ?

LA MARQUISE, d'un air distrait.

Oui; et je suis encore toute tremblante de ce qu'il vient de m'apprendre.

HORTENSE.

N'est-ce pas, Madame? et qui m'aurait dit hier... Eh! mais, vous ne m'écoutez pas?

LA MARQUISE.

Non, une autre idée m'occupait; pardon.

HORTENSE.

Conçoit-on un évènement pareil? aussi prompt, aussi effroyable?

LA MARQUISE.

Il n'était que trop à craindre : ses menaces d'hier m'avaient fait frémir; et la jeunesse, l'amour, le désespoir...

HORTENSE.

Que dites-vous?

LA MARQUISE, avec égarement et sans l'écouter.

Qui ne l'excuserait? Quand il faut renoncer à ce qu'on aime, et plus encore, la voir dans les bras d'un autre! (Avec exaltation.) Ah! je conçois tout, je comprends tout ce que la passion peut faire entreprendre, et peut faire oublier.

HORTENSE.

Madame, au nom du ciel, vous me glacez de terreur.

LA MARQUISE, sortant de son égarement.

Qu'ai-je dit? qu'avez-vous entendu?

HORTENSE, tremblante.

Je ne sais. Mais M. de Saint-Brice, qui à l'instant même vous quittait...

LA MARQUISE, avec effroi et lui mettant la main devant la bouche.

Taisez-vous, taisez-vous ; je ne sais rien, je ne dois rien savoir, ni vous non plus : ce serait nous perdre tous. (Avec force.) Voulez-vous le perdre ?

HORTENSE, poussant un cri.

Ah !

LA MARQUISE.

Qu'avez-vous, mon enfant ?

HORTENSE, se jetant dans ses bras en sanglotant.

Ah ! Madame ! ah ! ma protectrice !...

LA MARQUISE.

Calmez-vous, de grâce.

HORTENSE, à voix basse.

Qu'il parte à l'instant, qu'il quitte la France ! Je ne le verrai plus, ni lui, ni personne ; je renonce au monde, et ensevelie dans un couvent...

LA MARQUISE.

Silence, on vient. Cachez votre effroi, vos larmes ! pour vous, et je n'ose le dire, pour notre ami.

SCÈNE X.

LES PRÉCÉDENS.

FINALE.

(M. Hérold.)

CHOEUR.

Quand l'amitié nous appelle,
Nous accourons à sa voix ;
Certains de trouver près d'elle
Tous les plaisirs à la fois.

LA MARQUISE, allant à eux.

Pardon, Messieurs, pardon du trouble où je me voi,
En voulant aujourd'hui vous réunir chez moi,
J'étais loin de m'attendre au coup qui nous accable,
Une fête aujourd'hui serait peu convenable
  Quand je viens de perdre un ami.
Vernillac !

CHŒUR.

 Ah ! grands dieux !

LA MARQUISE, montrant Hortense.

     Dont la veuve est ici.

CHŒUR, regardant Hortense.

Eh quoi, si jeune encore !
A peine à son aurore
Connaître le malheur !
Respectons sa douleur.

SCÈNE XI.

LES PRÉCÉDENS, SAINT-BRICE.

SAINT-BRICE, à la marquise.

Eh bien ! vous l'avez vue, et puis-je devant elle
Me présenter ?

LA MARQUISE.

  Pas à présent, plus tard.

SAINT-BRICE, avec surprise.

Elle refuse !

LA MARQUISE.

  Oui, sa douleur mortelle,
Ainsi que son devoir, veulent votre départ.

SAINT-BRICE, s'approchant d'Hortense.

Dois-je le croire ? est-ce bien vous, Hortense,
Qui d'un ami redoutez la présence ?

HORTENSE, avec émotion et baissant les yeux.

Je ne dois plus, je ne veux plus vous voir.

SAINT-BRICE.

Et pourquoi donc ?

HORTENSE.

Vous devez le savoir.

SAINT-BRICE.

Qui, moi ?

HORTENSE.

Partez, vous devez me comprendre ;
Dans un couvent demain je vais me rendre.

SAINT-BRICE.

Et pour quel temps ?

HORTENSE.

Pour toujours.

SAINT-BRICE.

Ah ! grands dieux

Écoutez-moi.

HORTENSE.

Jamais ! je ne le peux.

HORTENSE.

Dans mon ame éperdue,
Je frémis à sa vue ;
Une secrète horreur
S'empare de mon cœur.

SAINT-BRICE.

Quelle crainte inconnue
Fait redouter ma vue ?
D'une horrible terreur
Je sens battre mon cœur.

CHOEUR, regardant Hortense.

Elle tremble à sa vue !
Son ame trop émue
Succombe à son malheur ;
Respectons sa douleur.

LA MARQUISE, à Saint-Brice.

Venez, fuyez sa vue ;
Son ame trop émue
Succombe à son malheur ;
Respectez sa douleur.

SAINT-BRICE, à Hortense.

Vous le voulez, je me retire !
Mais qu'un seul mot calme mon cœur,
Qu'au moins mon aspect vous inspire
De la pitié !

HORTENSE, s'éloignant.

C'est de l'horreur !

SAINT-BRICE.

Ah ! c'en est trop ! un tel outrage
De l'amitié rompt tous les nœuds.

LA MARQUISE, l'entraînant.

Venez, venez, quittons ces lieux.

SAINT-BRICE.

Oui, je veux fuir... oui, j'aurai le courage
De briser des nœuds détestés.

LA MARQUISE, l'entraînant, et prête à sortir.
Il est à moi, je triomphe !

SCÈNE XII.

Les précédens, GALIFARD, pale, mourant,
et entouré de gens de justice.

GALIFARD, montrant du doigt la marquise, et parlant avec effort.

Arrêtez !
Cette fois votre adresse a déjoué la mienne,
Mais j'ai pris ma revanche ; avant ma fin prochaine,
J'ai tout dit.

LA MARQUISE, à part.

Ah ! c'est fait de moi !

GALIFARD, aux gens de justice.

Saisissez-la, Messieurs, au nom du roi.

SAINT-BRICE, aux exempts qui s'avancent.

De quel droit ?

GALIFARD, essayant de sourire.

Oh ! j'ai plus d'une preuve.

(Montrant Hortense.)

C'est par elle d'abord que Madame fut veuve.

HORTENSE ET SAINT-BRICE, se tenant l'un contre l'autre.

O ciel ! est-il possible ?

GALIFARD, souriant avec ironie.

Et bien d'autres encor.

HORTENSE, à demi-voix, à Saint-Brice.

Pardon, pardon ! d'horreur, ah ! mon ame est glacée.

GALIFARD, s'approchant de la marquise.

Je vous l'avais bien dit : nous aurons même sort,
Même destin. Venez, ma noble fiancée,
Vous savez comme moi quel autel nous attend.

ENSEMBLE.

CHOEUR des exempts.

Allons, qu'on nous suive à l'instant !
Et sur sa tête criminelle,
Qu'enfin la justice éternelle
Fasse tomber le châtiment !

SAINT-BRICE, HORTENSE ET LE CHOEUR.

Dieu tutélaire ! ô Dieu puissant !
Gloire à ta justice éternelle !
Contre une trame criminelle
Elle a protégé l'innocent.

(Saint-Brice et Hortense sont à droite, l'un près de l'autre. Des exempts
ont entouré la marquise. Galifard veut les suivre ; mais il chancelle et
tombe expirant. La marquise, que l'on entraîne, jette sur lui des regards
de triomphe et de vengeance.)

FIN DU TROISIÈME ET DERNIER ACTE.

LA MÉDECINE

SANS MÉDECIN,

OPÉRA-COMIQUE EN UN ACTE,

MUSIQUE DE M. HÉROLD.

Représenté pour la première fois, à Paris, sur le théâtre royal de l'Opéra-Comique, le 15 octobre 1832.

Scribe

EN SOCIÉTÉ AVEC M. BAYARD.

PERSONNAGES.

M. DELAROCHE , négociant.

AGATHE , sa fille.

DARMENTIÈRES , médecin.

Mistress BERLINGTON.

Lord ARTHUR , son neveu.

La scène se passe à Paris, chez M. Delaroche.

DARMENTIÈRES

JE NE VOUS DONNE PAS UN AN À VIVRE?

La Médecine sans Médecin, Sc. XVI.

LA MÉDECINE

Par ta seule présence

LA MÉDECINE
SANS MÉDECIN.

Le théâtre représente l'arrière-boutique d'un magasin de soieries et de nouveautés : un bureau à droite, porte de cabinet du même côté ; étalage d'étoffes dans le fond.

SCÈNE PREMIÈRE.

AGATHE, DELAROCHE.

(Delaroche est à droite à son bureau, et feuillette un registr. Agathe est assise à gauche, et travaille à une broderie.)

INTRODUCTION.

DUO.

DELAROCHE, avec désespoir, et regardant le registre.

Oui, c'en est fait, plus d'espérance !
Mon malheur n'est que trop certain.
  (Montrant Agathe.)
A ses yeux cachons ma souffrance ;
Pour moi seul gardons mon chagrin.

  AGATHE, chantant en travaillant.

Jeune Tyrolienne,
On t'attend dans la plaine
  Pour conduire la chaîne
Que ta voix guidera.
  Ah ! ah ! ah ! ah ! ah !

A tes sons, en cadence,
Va s'animer la danse ;
Par ta seule présence

Le plaisir reviendra.
Ah ! ah ! ah ! ah ! ah !

DELAROCHE, de l'autre côté.

Et je me trouve la victime
De ceux même que j'obligeais.

(Frappant du poing sur le registre.)

Ils m'ont entraîné dans l'abîme !

AGATHE, levant la tête à ce bruit.

Mon père !...

(Le regardant.)

Eh ! mais, dans tous vos traits
Quel trouble !...

DELAROCHE, cherchant à se remettre.

Moi ! je travaillais.

(A part, la regardant.)

Ma pauvre fille ! ah ! quel dommage !
Et moi qui rêvais son bonheur !
Ne lui laisser pour héritage
Que la honte et le déshonneur !

AGATHE, qui s'est levée et s'est approchée de lui.

Qu'avez-vous ?

DELAROCHE.

Je n'ai rien ; va, reprends ton ouvrage
Et ta chanson... tes chants me donnent du courage.

ENSEMBLE.

(Tout en chantant, Agathe regarde toujours son père avec inquiétude.)

AGATHE.

Jeune Tyrolienne,
On t'attend dans la plaine, etc.

DELAROCHE, à part.

Oui, c'en est fait, plus d'espérance !
Mon malheur, etc.

AGATHE.

Vous avez beau dire, vous souffrez, vous êtes malade; oh! vous me l'avez avoué hier, et d'ailleurs je le vois bien! Si vous consentiez à voir un médecin... un seul, mon papa.

DELAROCHE.

A quoi bon?

AGATHE.

Écoutez donc, un médecin! si ça ne fait pas de bien, ça ne peut pas faire de mal.

DELAROCHE.

Ah! tu crois?

AGATHE.

Dans Paris on peut choisir... il y en a tant!...

DELAROCHE, souriant.

Il y en a trop.

AGATHE.

Et voyons... pour avoir votre confiance... s'il était vieux?

DELAROCHE.

Oui, un ami de la routine, un entêté qui aimerait mieux laisser partir son malade que de le sauver par des moyens à la mode !

AGATHE.

Vous avez raison; ce n'est pas ce qu'il vous faut: mais un jeune docteur?

DELAROCHE.

Encore!... quelque étourdi qui se jette à corps perdu sur les pas d'un maître dont il gâte la doctrine en l'exagérant; un ennemi de tout ce qui est vieux, fût-ce le bien! un romantique en médecine!

AGATHE.

Eh bien! non; mais on pourrait... en cherchant un peu... Tenez, celui dont je vous parlais hier soir... monsieur Darmentières!

DELAROCHE.

Monsieur Darmentières! par exemple! celui-là moins que tous les autres.

AGATHE.

Mais mon papa...

DELAROCHE.

Non... je ne veux pas le voir, je ne le verrai pas... ne m'en parle jamais. Allons, mon enfant, rassure-toi.. ne pleure pas... je suis mieux que tu ne penses...il faut que je passe à ma caisse... adieu... je suis très bien...adieu.

(Il sort par la droite.)

SCÈNE II.

AGATHE, seule.

Oui, très bien!... comme si je ne le voyais pas; et maintenant, comment dire cela à monsieur Darmentières, s'il vient...? et il viendra! Il y a de quoi le mettre en colère, et la colère d'un médecin, ça peut avoir des suites... Ah! mon Dieu! c'est lui!

SCÈNE III.

AGATHE, DARMENTIÈRES.

DARMENTIÈRES.

Pardon.., c'est sans doute à mademoiselle Agathe Delaroche que j'ai l'honneur...

AGATHE.

Oui, monsieur.

DARMENTIÈRES.

C'est vous, Mademoiselle, qui m'avez fait prier de passer ici... je suis un peu en retard... c'était l'heure de mes consultations...

AGATHE.

Gratuites?

DARMENTIÈRES.

Oui, à de pauvres diables qui sans cela n'auraient pas le moyen d'être malades. Eh! mais, c'est singulier... non, je ne me trompe pas... je vous connais, je vous ai rencontrée...

AGATHE.

Oh! plusieurs fois... et hier encore, chez cette pauvre mère de famille...

DARMENTIÈRES.

C'est cela, dans les mansardes, où vous portiez des secours, des bienfaits... Mademoiselle, quand on a l'habitude de se rencontrer dans ces lieux-là, on est déjà d'anciens amis... Voyons, pourquoi m'avez-vous fait appeler? est-ce quelque malheureux à secourir? s'agit-il de nous entendre?... le malade...

AGATHE.

Ah! Monsieur, c'est quelqu'un qui m'est bien cher!

DARMENTIÈRES.

Et à moi aussi, par conséquent... Ah! mon Dieu! comme vous paraissez émue!... Cette personne c'est...

AGATHE.

C'est mon père.

DARMENTIÈRES.

Votre père!... je conçois...allons, rassurez-vous; je ne suis pas très habile, mais je guéris... quelquefois... Je verrai votre père.. il aura confiance en moi.

AGATHE.

Eh bien! non, monsieur, voilà ce qui me désole, il n'a pas confiance... et quand je lui ai parlé de vous hier... ce matin...

DARMENTIÈRES.

Il vous a répondu... achevez...

AGATHE.

C'est que je ne sais comment vous dire qu'il ne veut pas vous recevoir....

DARMENTIÈRES.

Eh bien! c'est dit à présent...ça ne doit plus vous embarrasser... et la raison?

AGATHE, avec embarras.

C'est qu'il ne croit pas à la médecine.

DARMENTIÈRES.

N'est-ce que cela? ni moi non plus.

AGATHE.

Vous, un médecin?

DARMENTIÈRES.

C'est peut-être pour cela; bien plus, je soutiens,
c'est là mon système, qu'il n'y a point de maladies;
non pas que mes confrères n'en fassent de très belles
et qui sont d'un excellent rapport; mais presque toujours elles ont leur source dans nos chagrins, dans
nos passions, dans nos peines secrètes; c'est là que
je les attaque pour les guérir, persudé qu'un médecin qui observe en sait plus que tous les philo-
sophes. Voyez cette jeune femme que la jalousie
dévore, cette jeune fille qu'un amour malheureux a
flétrie, ce citoyen que le remords accable, ce sy-
barite que les plaisirs ont usé: ils sont malades, ils
le seront demain davantage...; mais combattez par
la raison, par des bienfaits, par un peu d'espérance
le mal qui les déchire, aidez-les à rejeter le poids
qui les tue, leurs forces se ranimeront; ils revien-
dront à la santé, au bonheur, à la vie... Voilà mon
système, Mademoiselle; trouvez-vous qu'il soit si
mauvais?

AGATHE.

Au contraire; et c'est pour cela sans doute qu'hier
encore, dans la mansarde, où je vous ai rencontrée,
votre bourse...

DARMENTIÈRES.

Chut! c'est mon secret!..., Cette pauvre femme,
elle avait plus besoin d'un peu d'argent que de toute
la science de nos docteurs; vous aviez commencé le
traitement, j'ai doublé la dose et la voilà guérie.

AGATHE.

On ne me trompait pas; vous êtes si bon, si bienfaisant!

DARMENTIÈRES.

Allons, allons, ménagez ma modestie... à charge de revanche... Revenons à ce qui vous intéresse, à votre père; vous connaissez mon système à présent.

AGATHE.

Oui, monsieur, mais ce n'est pas ici que vous en ferez l'application; l'estime de tout le monde... une fille qui l'aime...

DARMENTIÈRES.

Oh! oui, il est bien heureux, je n'en doute pas; et cependant il souffre, dites-vous?

AGATHE.

Oui, souvent, je le vois bien... Ah! mon Dieu! voilà du monde, quelqu'un qui vient pour acheter.

DARMENTIÈRES, prenant un journal.

Faites vos affaires, j'attendrai; vous savez bien que nous sommes d'anciens amis, et entre amis...

AGATHE.

Ah! que vous êtes bon!

SCÈNE IV.

DARMENTIÈRES , mistress BERLINGTON , AGATHE.

MISTRESS BERLINGTON, à la cantonade.

C'est bien, attendez, on vous appellera. (A Agathe.)

Ah! ma belle demoiselle, je suis un peu pressée, faites-moi servir sur-le-champ.

AGATHE.

Que désire Madame ?

MISTRESS BERLINGTON.

Des étoffes de soie; une garniture de salon; quelque chose d'élégant... (Darmentières qui lient son journal se retourne et lève la tête.) Eh! mais, je ne me trompe pas; c'est vous, docteur !

DARMENTIÈRES.

Mistress Berlington !

MISTRESS BERLINGTON.

J'allais chez vous, en sortant d'ici; c'est pour cela que j'avais gardé mes chevaux, quoique vous m'ayez recommandé l'exercice... (A Agathe.) Ah! Mademoiselle, voilà la note que mon tapissier a faite; voyez ce qu'il me faut, je vous prie. (Agathe passe dans le magasin; à Darmentières.) Vous viendrez avec moi, n'est-il pas vrai? je vous emmène...

DARMENTIÈRES.

Non pas, on a besoin de moi ici; tandis que vous...

MISTRESS BERLINGTON.

Je ne peux pas m'en passer, docteur, je ne le peux pas; depuis deux jours que je ne vous ai vu, je ne sais pas comment j'ai fait pour vivre. Et vous me laissez! vous vous emportez contre moi !

DARMENTIÈRES.

Il n'y a peut-être pas de quoi, vous qui, Française et veuve d'un négociant anglais, riche et sans enfans, me refusez cinquante louis pour traiter de pauvres malades qui meurent de faim!

MISTRESS BERLINGTON.

Je n'avais pas d'argent.

DARMENTIÈRES.

Et aujourd'hui, de nouvelles emplettes...

MISTRESS BERLINGTON.

Ne vous fâchez pas; j'ai envoyé ce matin ce que vous exigiez afin que vous reveniez chez moi.

DARMENTIÈRES, qui jusque là lui a toujours parlé en lui tournant le dos, se retourne d'un air gracieux.

C'est différent; vous êtes donc bien malade?

MISTRESS BERLINGTON.

Oui, docteur.

DARMENTIÈRES.

Et qu'avez-vous?

MISTRESS BERLINGTON.

Je ne sais, mais ce matin je me regardais dans ma glace, et je ne suis pas contente de moi; cela va mal, oh! très mal!

COUPLETS.

PREMIER COUPLET.

Doucement je sommeille,
Mes songes sont heureux;
Je déjeune à merveille,
Et je dîne encor mieux;
Et pourtant, moins légère,
Quand je veux m'élancer,
Je ne sais quoi sur terre
Semble, hélas! me fixer.
Ma taille qu'on admire

(Formant le cercle avec ses dix doigts)

Ne tient plus dans cela...
Chaque jour me retire
Ma fraîcheur qui s'en va...

Ah ! docteur, cher docteur, docteur, daignez me dire
Quand cela reviendra.

DEUXIÈME COUPLET.

De mes grâces parée,
Lorsque dans un salon
Je passe la soirée
A jouer au boston,
Tout ce qui m'environne
A toujours cinquante ans ;
Partout je vois l'automne,
Et jamais le printemps ;
Plus de tendre sourire,
Regards, *et cætera*.
Chaque jour me retire
Un galant qui s'en va...
Ah ! docteur, cher docteur, docteur, daignez me dire
Quand cela reviendra.

DARMENTIÈRES.

Je comprends, je comprends ; ce que nous appelons une maladie chronique.

MISTRESS BERLINGTON, effrayée.

Chronique !

DARMENTIÈRES.

Oui, qui vient avec le temps.

MISTRESS BERLINGTON.

Et ça se passera ?

DARMENTIÈRES.

Au contraire.

MISTRESS BERLINGTON.

Et quel remède y a-t-il ?

DARMENTIÈRES.

La raison ; il faut s'en faire une ; il faut savoir vieillir.

MISTRESS BERLINGTON.

Qu'est-ce que cela signifie ?

DARMENTIÈRES.

Nous allons encore nous fâcher, mais peu importe; voilà mon ordonnance : il faut quitter le rose et les fleurs et les coiffures en cheveux, ne plus danser la galope, se créer des goûts paisibles, un intérieur agréable, se faire des amis, une famille; et pour commencer, vous raccommoder avec votre neveu contre qui vous plaidez.

MISTRESS BERLINGTON.

Jamais; je ne puis le souffrir.

DARMENTIÈRES.

Et moi, je l'aime de tout mon cœur. Un Anglais cependant, le seul parent de feu votre mari; mais noble, généreux, un cœur d'or, qui, lors de ce duel où je l'ai soigné et où il a manqué mourir, voulait de force et malgré moi me laisser toute sa fortune; heureusement qu'en France les médecins n'héritent pas, sans cela je ne sais pas comment j'aurais fait pour m'y soustraire. Voilà ce qui vous convient, ce qui vous tiendra lieu de famille; il faut qu'il devienne votre fils.

MISTRESS BERLINGTON.

Mon fils! à moi! à mon âge! je me remarierai plutôt. Savez-vous qu'il vient de gagner contre moi un procès qui lui donne une fortune immense?

DARMENTIÈRES.

Vous êtes si riche!

MISTRESS BERLINGTON.

On ne l'est jamais assez. Et j'en appelle. Savez-vous en outre qu'il s'est permis, dans un bal où je dansais, de ces railleries qu'on ne pardonne pas? qu'il m'a tournée en ridicule, moi, docteur, moi? vous ne le croirez pas?

DARMENTIÈRES.

Si, parbleu!

MISTRESS BERLINGTON.

Et loin de me raccommoder avec lui, si je peux trouver quelque moyen de me venger, de l'humilier, de le tenir dans ma dépendance...

DARMENTIÈRES.

Et c'est comme cela que vous voulez bien vous porter? de la colère, de l'emportement; voilà comme on se donne le choléra.

MISTRESS BERLINGTON.

Le choléra! ah! mon Dieu! moi, qui en ai tant peur!

DARMENTIÈRES.

Eh bien! il n'y a qu'un moyen de l'éviter : c'est d'avoir de la bonté, de la douceur...

MISTRESS BERLINGTON.

J'en aurai.

DARMENTIÈRES.

De bannir tout sentiment de haine, tout ce qui excite, tout ce qui irrite.

MISTRESS BERLINGTON.

Je verrai; je tâcherai; ce neveu, je le déteste bien pourtant; mais la santé avant tout.

AGATHE, rentrant.

On vient de porter à la voiture de Madame tout ce qu'elle avait demandé; et si Madame n'est pas contente, nous changerons les étoffes.

MISTRESS BERLINGTON.

C'est bien, mon enfant, c'est bien. — Je vous verrai, docteur, n'est-il pas vrai? Vous m'avez dit tout à l'heure un mot qui me fait trembler; j'ai si peur maintenant de me mettre en colère, que cela me donne une irritation continuelle. Vous viendrez, n'est-ce pas? je ne crains plus rien quand je vous vois.

DARMENTIÈRES.

C'est bon, c'est bon; songez à mon ordonnance.

(Mistress Berlington sort.)

SCÈNE V.

DARMENTIÈRES, AGATHE.

DARMENTIÈRES.

J'a cru qu'elle ne s'en irait pas. A nous deux maintenant, mon enfant; revenons à ce qui vous intéresse bien davantage, à votre père; il souffre, dites-vous?

AGATHE.

Il dit que non, mais il me trompe; je le vois toujours triste, soucieux...

DARMENTIÈRES.

Est-ce que son état l'ennuierait?

AGATHE.

Non, Monsieur, il y est si estimé; il y jouit d'une telle considération...

DARMENTIÈRES.

C'est égal, on tient à s'élever; le négociant veut

devenir banquier, et le banquier ministre; c'est la maladie du siècle.

AGATHE.

Mon père m'a toujours dit qu'il voulait vivre et mourir dans son comptoir.

DARMENTIÈRES.

Alors ce n'est pas cela; mais s'il n'a pas d'ambition pour lui, peut-être en a-t-il pour vous; peut-être des idées de mariage?

AGATHE.

Au contraire, depuis quelque temps il éloigne ces idées-là; et si j'osais vous faire part de la dernière de mes observations, peut-être cela vous mettrait-il sur la voie.

DARMENTIÈRES.

Parlez, mon enfant.

AGATHE.

Mais c'est que pour cela il faudrait entrer dans des détails qui me concernent.

DARMENTIÈRES.

Raison de plus! on doit tout dire à son médecin; achevez, de grâce, achevez!

AGATHE.

C'est qu'il y a deux mois, je me rendais à Rouen, avec ma tante, en diligence, et voilà que l'essieu se brise; la voiture verse...

DARMENTIÈRES.

Jusque-là rien d'extraordinaire; cela arrive tous les jours.

AGATHE.

Moi, je n'eus aucun mal, mais ma tante fut assez grièvement blessée.

DARMENTIÈRES.

Et je n'étais pas là !

AGATHE.

Hélas ! non ! mais par bonheur, dans ce moment, passait sur la grande route une berline élégante où il n'y avait qu'un seul voyageur, un jeune étranger. Il s'élance de voiture, et avec une bonté, une obligeance que je n'oublierai jamais, il prodigue à ma tante les soins les plus touchans; voyant qu'elle avait besoin d'être transportée...

DARMENTIÈRES.

Il offre sa berline.

AGATHE.

Oui, Monsieur; il y monte avec nous jusqu'à la ville voisine, et là, loin de nous quitter, il reste auprès d'elle pendant deux jours; il y serait même demeuré bien davantage encore, si son domestique ne lui eût répété toute la journée en mauvais anglais : « Mais, Monsieur, l'ambassadeur vous attendra. » Et, avant son départ, il voulait absolument savoir qui j'étais, mon nom, ma demeure. Moi, j'allais le lui dire; c'est ma tante qui m'en a empêchée, prétendant que ce n'était pas convenable, et cela est cause que je ne l'ai pas revu, et que je ne le reverrai sans doute jamais !

DARMENTIÈRES.

Ce qui vous fait de la peine ?

AGATHE.

Sans doute! ne pouvoir s'acquitter envers lui, et lui témoigner notre reconnaissance...

DARMENTIÈRES.

Et puis, qui sait? des idées de jeune fille; un roman qui aurait pu, comme tous les autres, finir par un mariage.

AGATHE.

Vous croyez?

DARMENTIÈRES.

Dame! ça s'est vu; et qu'en dit votre père?

AGATHE.

Mon père! c'est justement là où je voulais en venir, et voilà le plus étonnant.

ROMANCE.

PREMIER COUPLET.

Lorsque j'en parlais à mon père,
D'un air et sombre et douloureux,
Il attachait sur moi les yeux,
Et des pleurs baignaient sa paupière.
Sur ce sujet alors supprimant mes discours,
Je n'en parle jamais... et j'y pense toujours.

DEUXIÈME COUPLET.

Quand pour moi dans le voisinage
D'hymen par hasard on causait,
Soudain mon père soupirait
A ce seul mot de mariage;
Et moi, sur ce sujet, supprimant mes discours,
Je n'en parle jamais... et j'y pense toujours.

DARMENTIÈRES, réfléchissant.

En effet, il y a dans cette appréhension, dans cet

éloignement pour votre établissement, quelque chose qui, comme vous le disiez, peut nous faire arriver à la source du mal, et nous en viendrons à bout, je vous le promets.

AGATHE, le poussant à gauche.

C'est mon père; le voilà! tenez, tenez, il ne nous aperçoit seulement pas; regardez comme il a l'air sombre et soucieux.

DARMENTIÈRES, l'examinant d'un air effrayé, et à part.

Ah! mon Dieu! il y a dans ces traits-là du malheur réel. (Regardant encore.) Un morne désespoir! c'est plus sérieux que je ne pensais. (A Agathe à demi-voix.) Laissez-nous, mon enfant, laissez-nous; il faut que nous soyons seuls.

AGATHE.

Oui, Monsieur le docteur.

(Elle sort en faisant des signes à Darmentières.)

SCÈNE VI.

DELAROCHE, DARMENTIÈRES.

(Delaroche est plongé dans ses réflexions; Darmentières, qui s'est assis en face de lui, l'examine toujours avec attention, la main et le menton appuyés sur sa canne.)

DELAROCHE, à part.

Cette lettre de change de Londres peut arriver d'un instant à l'autre; dix mille francs à payer, aujourd'hui, ce matin! et Verdier, mon commis, ne revient pas! Verdier que j'ai envoyé chez tous mes amis, si toutefois il en reste quand on est dans le malheur...

(Il lève les yeux et aperçoit Darmentières assis vis-à-vis de lui et qui l'examine.)

Ah! que veut Monsieur?

DARMENTIÈRES.

Rien; je vous attendais pour vous parler.

DELAROCHE, avec crainte.

Monsieur est négociant, et vient de Londres peut-
être?

DARMENTIÈRES, à part.

Comme il est troublé!

DELAROCHE, avec désespoir.

Vous venez de Londres, n'est-il pas vrai?

DARMENTIÈRES.

Non, Monsieur. (Delaroche fait un geste de joie; à part.) C'est
singulier, ce mot seul l'a calmé. (Haut.) Je suis de Paris,
et, quoique vous ne me connaissiez pas, je suis de
vos amis; car, lorsque je me mets une fois à aimer
les gens, c'est de tout mon cœur, de toutes mes
forces, et c'est ainsi déjà que j'aime votre fille.

DELAROCHE.

Ma fille!

DARMENTIÈRES.

Rassurez-vous, je ne viens pas vous la demander
en mariage; je sais que cela vous déplaît, vous fait
de la peine...

DELAROCHE, avec trouble.

A moi, Monsieur?

DARMENTIÈRES.

On me l'avait dit; j'en suis sûr maintenant, et c'est
par intérêt, par amitié pour elle que je viens à votre
secours.

DELAROCHE, lui prenant la main.

A mon secours, est-il possible? Ah! Monsieur, vous me rendez la vie!

DARMENTIÈRES.

C'est mon devoir.

DELAROCHE.

Et qui vous amène vers moi? qui donc êtes-vous?

DARMENTIÈRES, qui lui a pris le pouls.

Darmentières, médecin.

DELAROCHE, retirant sa main avec colère.

Un médecin! chez moi!

DARMENTIÈRES.

Et pour qui me preniez-vous donc?

DELAROCHE.

Un médecin! quand j'ai déclaré que je ne voulais pas en voir, que je n'en avais pas besoin, que je n'étais pas malade!

DARMENTIÈRES.

Plus que vous ne croyez; mais rassurez-vous, nous vous guérirons.

DELAROCHE, avec colère.

Monsieur...

DARMENTIÈRES.

Oh! vous ne me connaissez pas! quand j'ai promis de sauver un malade, que cela lui convienne ou non, il faut qu'il en prenne son parti, et malgré la Faculté, malgré vous-même, je vous guérirai; oui, Monsieur, je l'ai promis, je vous guérirai; pour cela, il n'y a qu'une difficulté, c'est de savoir ce que vous avez, et nous le saurons, je suis déjà sur la voie.

DELAROCHE.

Silence, Monsieur, silence, on vient.

SCÈNE VII.

LES PRÉCÉDENS, ARTHUR.

TRIO.

ARTHUR, à la cantonade.

John, avec la voiture attendez à la porte.

DARMENTIÈRES.

Eh ! mais... c'est lord Arthur ! c'est un de mes cliens.

ARTHUR.

Moi-même, cher docteur.

DARMENTIÈRES.

Voyez comme il se porte !

ARTHUR.

Je ne vous ai pas vu, je crois, depuis long-temps.

DARMENTIÈRES, souriant.

C'est peut-être pour ça... Vous venez, je suppose,
En ces beaux magasins acheter quelque chose.

(A Delaroche.)

Faites-le payer cher.

DELAROCHE, avec indignation.

Monsieur...

DARMENTIÈRES.

C'est pour son bien.

Il n'a qu'un seul défaut : il est propriétaire
De quelques millions dont il ne sait que faire.

DELAROCHE, soupirant.

Ah ! il est bien heureux.

DARMENTIÈRES, vivement.

Que dites-vous ?

DELAROCHE.

Moi, rien.

DARMENTIÈRES, l'observant.

D'où vient qu'il a pâli ?

ENSEMBLE.

DARMENTIÈRES, à part.

Je n'y suis pas encore ;
Mais sachons découvrir
Le mal qui le dévore
Et que je veux guérir.

— DELAROCHE, à part.

Mon malheur qu'on ignore
Va donc se découvrir !
Quand on se déshonore
On n'a plus qu'à mourir.

ARTHUR, à Darmentières.

Vous que j'aime et j'honore,
Ce soir j'allais partir,
Et vous revoir encore
Me cause un grand plaisir.

DELAROCHE, à Arthur.

A vos ordres, Monsieur, me voilà... quelle étoffe
Voulez-vous qu'on vous montre ?

ARTHUR.

Aucune.

DELAROCHE, étonné.

Eh quoi ! vraiment ?

ARTHUR.

Je ne tiens pas au luxe.

DARMENTIÈRES.

Oh ! c'est un philosophe.

DELAROCHE.

Qui vous amène alors ?

ARTHUR.

Je viens pour un poiement :
Une lettre de change.

DELAROCHE, troublé.

O ciel !

DARMENTIÈRES, l'observant.

D'où vient son trouble ?

ARTHUR.

Dix mille francs !

DELAROCHE, à part.

Grand Dieu !

(Haut.)

Mon caissier est sorti ;
Mais dans quelques instans...

DARMENTIÈRES, de même.

Ah ! sa pâleur redouble.

DELAROCHE.

Il va rentrer...

ARTHUR, négligemment.

Très-bien, j'attendrai.

DELAROCHE.

Je frémi.

DARMENTIÈRES, l'observant toujours.

J'y suis, j'y suis... l'infortuné !

(Montrant la lettre de change.)

Voilà d'où vient son mal : j'ai trop bien deviné !

ENSEMBLE.

DARMENTIÈRES.

Ce mal qui le dévore,
J'ai su le découvrir.
Ah ! je l'espère encore,
Je pourrai le guérir !

ARTHUR, à Darmentières.

Vous que j'aime et j'honore,
Ce soir je dois partir,
Et vous revoir encore
Me cause un grand plaisir.

DELAROCHE, à part.

Une heure, une heure encore !
Tout va se découvrir !
Quand on se déshonore
On n'a plus qu'à mourir.

(Il sort.)

SCÈNE VIII.

ARTHUR, DARMENTIÈRES.

DARMENTIÈRES, le regardant sortir.

Pauvre homme ! il est bien malade !

ARTHUR, froidement.

Ah ! il a une maladie ?

DARMENTIÈRES.

Oui. (A part.) Maladie d'argent ! mal épidémique, et source de tant d'autres. (Haut.) Et je vous avoue que je suis inquiet pour lui.

ARTHUR, froidement.

Moi, je ne le suis pas ; il est entre vos mains.

DARMENTIÈRES, avec embarras.

Vous êtes bien bon ; mais j'ai idée que sans être médecin, vous pourriez m'aider dans le traitement.

ARTHUR, froidement.

Hier, peut-être ; aujourd'hui, impossible ; j'ai d'autres idées, je pars !

DARMENTIÈRES.

Et pour quel endroit ?

ARTHUR.

Ça, docteur, c'est mon secret.

DARMENTIÈRES.

Et depuis quand en avez-vous pour moi ? qu'est-ce que cela veut dire ? qu'est-ce que cela signifie ? si vous avez quelque bonne fièvre, quelque bonne maladie, ça me regarde ; je suis votre médecin, et si c'est quelque chagrin, ça me revient encore, ça m'appartient, car je suis votre ami, et tout à l'heure je prenais votre défense auprès de mistress Berlington, votre tante, et je n'ai pas craint, pour vous, de me fâcher avec ma meilleure malade.

ARTHUR.

Vous avez raison, docteur, vous êtes mon vrai, mon seul ami, et avant mon départ autant me confier à vous ; voilà ma situation.

AIR.

Dans le monde, lorsque je vois
Une femme au joli minois,
Je regarde, et cela m'ennuie ;
Lorsqu'à table, dans un festin,
On me verse un nectar divin,
Je bois... et puis cela m'ennuie.
Oui, même au sein de la folie,
Je ris, et puis cela m'ennuie.

Le son du cor retentissant,
Les chiens, les chevaux et la chasse,
Et le champagne pétillant,
Rien ne m'amuse, tout me lasse.

Alors, docteur, alors, ma foi,
Je me suis dit à part moi ;

Sur cette terre,
Que puis-je faire ?
J'ai su, j'espère,
De tout user.
C'est mon envie :
Si tout m'ennuie,
Quittons la vie
Pour m'amuser.

Oui, dans ma sagesse profonde,
Dès ce soir je serai parti,
Afin de voir dans l'autre monde,
Si l'on rit plus qu'en celui-ci.

Sur cette terre,
Que puis-je faire ?
J'ai su, j'espère,
De tout user ;
Rien ne m'y lie,
Et tout m'ennuie :
Quittons la vie
Pour m'amuser.

Tel est donc mon dessein, et, sans plus de retards,
Adieu, docteur, adieu, ce soir gaîment je pars.

DARMENTIÈRES.

A merveille ! le spleen ! une maladie où plutôt la plus grande extravagance que j'aie jamais rencontrée.

ARTHUR.

Extravagance !

DARMENTIÈRES.

Oui, Monsieur, et pire encore ! Ingratitude, manque de procédés. Quand on a un médecin, on ne part pas, comme vous dites, sans sa permission, sans son ordonnance. Que diable, nous n'en refusons pas, et vous me ferez le plaisir de remettre encore de quelques mois...

ARTHUR, froidement.

Du tout; je partirai aujourd'hui à une heure, je me suis arrangé pour cela.

DARMENTIÈRES.

Je vous demande une semaine de réflexion.

ARTHUR, tenant sa montre.

Je partirai à une heure.

DARMENTIÈRES.

Jusqu'à demain seulement.

ARTHUR, de même.

Je partirai.

DARMENTIÈRES.

Allez au diable! et faites comme vous voudrez. Je vous croyais mon ami, et comme tel j'avais un service à vous demander.

ARTHUR, se levant.

Un service! qu'est-ce que c'est?

DARMENTIÈRES.

Je n'en demande pas aux gens qui partent.

ARTHUR.

Oh! vous parlerez; allons, voyons! d'ici à une heure nous avons le temps.

DARMENTIÈRES, à part.

Est-il obstiné! (Haut.) Eh bien! cette lettre de change de dix mille francs que vous veniez toucher, en êtes-vous bien pressé?

ARTHUR.

Oui; de vieux domestiques qui m'aiment et à qui je voulais laisser cette somme.

DARMENTIÈRES.

C'est bien! mais vous n'êtes pas à cela près, et si vous pouvez attendre...

ARTHUR, froidement.

Je partirai à...

DARMENTIÈRES.

Et je le sais de reste; mais dans ce cas on retarde un peu; et s'il s'agissait de la vie d'un de mes malades; si, en accordant un délai, vous sauviez un homme d'honneur, un père de famille...

ARTHUR.

Ah !

(Il tire l'effet de sa poche et le déchire en deux.)

DARMENTIÈRES.

Eh bien! que faites-vous?

ARTHUR.

J'acquitte.

DARMENTIÈRES.

Je ne vous en demandais pas tant, mais c'est égal; et quoique entêté vous êtes un brave jeune homme que j'aime, que j'estime. Cette action-là me fait du bien, et à vous aussi, j'en suis sûr. Cela va mieux, n'est-ce pas?

ARTHUR.

C'est vrai.

DARMENTIÈRES.

Vous voyez ce que c'est que d'attendre; demain, peut-être, vous trouveriez aussi une occasion de ce genre-là; après-demain, encore... Allons, laissez-vous fléchir, jusqu'à demain.

ARTHUR.

Je ne demanderais pas mieux ; mais qu'est-ce que je ferai ce soir ?

DARMENTIÈRES.

Nous tâcherons de vous égayer, de vous distraire ; nous irons au spectacle.

ARTHUR, tristement.

Des spectacles ! oh ! oui ; des spectacles ; j'y ai été hier, pour rire, à une pièce nouvelle, aux Français.

DARMENTIÈRES.

Eh bien ?

ARTHUR.

Eh bien ! ça m'a décidé tout-à-fait.

DARMENTHIÈRES.

Ils en sont bien capables ! Eh bien ! nous irons ailleurs, nous ferons autre chose ; attendez-moi ici, seulement un quart d'heure, et ne décidez rien avant mon retour ; vous me le jurez ?

ARTHUR.

Je promets.

DARMENTIÈRES.

Allons voir mon autre malade, et lui rendre la vie.

(Il sort.)

SCÈNE IX.

ARTHUR, SEUL.

Il a raison, le docteur ; cela m'a fait du bien ; et quant à mes pauvres domestiques, je leur laisserai autre chose ; oui, et puisque j'en ai le temps, écri-

vons, car je n'avais songé à rien et je partais comme
un étourdi. Quand on a une fortune, il faut en disposer, et en faveur de qui? ah! je le sais bien, si
je le pouvais; mais ne connaissant ni son nom, ni le
lieu de sa demeure, il faut bien en revenir... à qui?
à ma famille! je n'ai que ma tante qui me déteste,
cela nous raccommodera peut-être; je lui abandonne
tout, et ma fortune, et le procès que je venais de
gagner. Va-t-elle être contente! je voudrais revenir
pour voir sa joie. Holà! John! (Cachetant sa lettre pendant
que le domestique qui était au fond s'avance.) John, porte à l'instant cette lettre à l'hôtel de mistress Berlington,
attends sa réponse s'il y en a, et reviens sur-le-champ.
(Le domestique s'incline et sort. Arthur tirant sa montre.) Ah! ça,
voilà le quart d'heure expiré, et le docteur ne revient
pas; tant pis pour lui; un médecin doit être exact.
Moi, je suis pressé, et n'ai pas le temps d'attendre,
je vais partir.

(Il va pour sortir.)

SCÈNE X.

AGATHE, ARTHUR.

ENSEMBLE.

O ciel! ô surprise nouvelle!
Je la ⎫
Je le ⎬ vois!

AGATHE.

C'est lui!

ARTHUR.

C'est elle!

Ah ! pour moi quel destin heureux
Vient encor l'offrir à mes yeux !

ARTHUR.

C'est vous, ma charmante inconnue,
Vous que je retrouve en ces lieux ?
Le ciel qui vous rend à ma vue
Enfin a comblé tous mes vœux.

AGATHE.

Comment êtes-vous chez mon père ?

ARTHUR.

Votre père ?... Ce lieu par vous est habité ?

AGATHE.

Et le docteur que je révère
Vers vous m'envoie...

ARTHUR.

En vérité ?
Et pourquoi donc ?

AGATHE.

Ah ! je l'ignore.
Allez trouver, m'a-t-il dit, à l'instant,
Ce jeune étranger qui m'attend ;
Restez près de lui.

ARTHUR , à part.

C'est charmant

AGATHE.

Pour qu'il ne parte pas encore.

ARTHUR.

O ciel !

AGATHE , naïvement.

Ainsi ne partez pas.

ARTHUR , embarrassé.

Je le voulais.

AGATHE , de même.

Changez d'idée...

On bien, vous le voyez, hélas !
C'est moi qui vais être grondée.

ARTHUR , la regardant avec plaisir.

Oui, oui, maintenant j'attendrai ,
Et mon départ d'un jour peut être différé.

ENSEMBLE.

ARTHUR.

De sa douce vue
Mon ame est émue ;
Et pourquoi partir
Lorsque vient s'offrir
Un jour de plaisir ?
Encor ! encor un jour de plaisir !

AGATHE.

Combien à sa vue
Mon ame est émue !
Ah ! loin de partir,
A mon seul désir
Il vient d'obéir.
Ah ! pour moi , pour moi quel plaisir !

ARTHUR.

Depuis le jour où le destin jaloux ,
Hélas ! me sépara de vous,
Loin de vous et sans espérance,
Votre souvenir enchanteur ,
Malgré le temps, malgré l'absence ,
Fut toujours présent à mon cœur.

AGATHE , à part.

Est-il possible ?...

ARTHUR.

Et vous ! ah ! quelle différence !

AGATHE.

Et moi, dans ma reconnaissance ,
L'image de mon protecteur,
Malgré le temps, malgré l'absence ,
Fut toujours présente à mon cœur.

ARTHUR.

De sa douce vue
Mon ame est émue ;
Et pourquoi partir
Lorsque vient s'offrir
Un jour de plaisir ?
Encor, encor un jour de plaisir !

Oui, sa voix chérie
Me rend à la vie ;
Ah ! quelle folie
De vouloir mourir !
Lorsque l'existence
S'embellit d'avance,
Et par l'espérance ,
Et par le plaisir !

AGATHE.

Combien à sa vue
Mon ame est émue !
Et, loin de partir,
A mon seul désir
Il vient d'obéir.
Ah ! pour moi, pour moi quel plaisir !

Mon ame attendrie
Renaît à la vie ;
Et quelle magie
Vient nous réunir !
Ah ! lorsque j'y pense,
Mon cœur bat d'avance ;
Est-ce d'espérance .
Est-ce de plaisir ?

SCÈNE XI.

Les - précédens , DARMENTIÈRES.

AGATHE.

C'est le docteur ! et mon père, comment va-t-il ?

DARMENTIÈRES.

Beaucoup mieux, grâces à la potion calmante que je viens de lui faire prendre, et qu'il refusait d'abord.

AGATHE.

Vous savez donc ?

DARMENTIÈRES.

Oui, mon enfant, j'ai découvert la cause de son mal; je vous l'avais bien dit, et je vous raconterai plus tard... Allez m'attendre au jardin.

AGATHE, prête à sortir et revenant.

Est-ce dangereux, Monsieur le docteur, et en meurt-on ?

DARMENTIÈRES.

Presque jamais, et au contraire, il y en a beaucoup qui en vivent; (voyant qu'elle fait un geste) mais je n'ai pas le temps de vous expliquer... j'ai une consultation à donner à un autre malade, (montrant Arthur) à monsieur.

AGATHE.

Est-il possible ! il est souffrant, il est malade ?

DARMENTIÈRES.

Très sérieusement.

AGATHE.

O ciel !

DARMENTIÈRES.

Eh ! mais, comme vous voilà troublée ! et quel intérêt pouvez-vous y prendre ?

AGATHE, à demi-voix.

Quel intérêt ! c'est lui dont je vous parlais ce matin, sur la route de Rouen, ce jeune étranger...

DARMENTIÈRES, se frappant le front.

La berline, la diligence renversée ; je comprends.
C'est très bien, très bien, mon enfant ; alors, comme
je vous l'ai dit, laissez-moi et allez vous promener
au jardin.

AGATHE.

Mais, Monsieur...

DARMENTIÈRES.

Et vous aussi, allez-vous résister au docteur ?

AGATHE.

Non, Monsieur, non, je m'en vais ; je vous le recommande. (Se retournant.) Pauvre jeune homme ! ah !
mon Dieu ! que c'est dommage !

(Elle sort.)

SCÈNE XII.

DARMENTIÈRES, ARTHUR.

ARTHUR, la suivant des yeux.

Elle est charmante. (Vivement.) Ah ! mon cher doc
teur !

DARMENTIÈRES, froidement et lui prenant la main.

Je vous remercie, mon cher ami, de m'avoir tenu
parole, d'avoir attendu mon retour; je voulais vous
apprendre que votre argent était bien placé, que
vous aviez sauvé un honnête homme; et maintenant,
que je ne vous retienne plus; ne vous gênez pas,
vous êtes libre.

ARTHUR.

Certainement, docteur; mais je voulais vous dire...

DARMENTIÈRES, l'observant toujours.

Je serais désolé de vous faire attendre plus long-
temps, surtout quand on est aussi pressé que vous.

ARTHUR.

Je le suis moins en ce moment.

DARMENTIÈRES.

Est-ce que tout n'est pas disposé? est-ce qu'il y a
quelque obstacle, quelque retard?

ARTHUR.

Peut-être bien; car cette jeune fille qui était là,
que vous avez vue, occupait depuis long-temps mon
cœur et ma pensée; mais je la croyais à jamais perdue
pour moi; cette idée me laissait dans un vague, une
indifférence, un ennui que sa présence seule vient
de dissiper.

DARMENTIÈRES, lui prenant le pouls.

En effet, cela va mieux; il y a plus de vivacité,
plus de chaleur.

ARTHUR.

Oui, oui, il me semble qu'à présent j'aurais moins
de peine à vivre.

DARMENTIÈRES.

C'est possible, et je ne sais cependant si je dois vous conseiller...

ARTHUR.

Pourquoi cela?

DARMENTIÈRES.

C'est que j'ai aussi reçu les confidences de cette jeune fille; ce matin encore elle me parlait de vous...

ARTHUR.

Elle ne m'aime pas?

DARMENTIÈRES.

Au contraire, elle ne pensait qu'à vous, elle vous aime...

ARTHUR.

Est-il possible?

DARMENTIÈRES.

Raison de plus pour ne pas changer d'idées; car c'est une famille d'honnêtes gens, une fille sage, vertueuse, bien élevée; et vous, quoique grand seigneur, riche et puissant, vous ne voudriez pas la tromper, la séduire, en faire votre maîtresse; ce serait mal. Il vaut donc mieux, comme vous le disiez, partir sur-le-champ et sans avoir rien à se reprocher; c'est moi maintenant qui vous y engage.

ARTHUR.

Allez au diable! partez si vous voulez; moi je reste.

DARMENTIÈRES.

Que dites-vous?

ARTHUR.

Que, puisque je l'aime, que j'en suis aimé, je ne vois pas ce qui m'empêcherait de l'épouser.

DARMENTIÈRES.

Vous!

ARTHUR.

Et pourquoi pas?

DARMENTIÈRES, vivement et se rapprochant.

C'est différent; restez alors, restez, je vous le permets, car c'est là que je voulais vous amener; c'est le régime que je voulais vous prescrire. Oui, mon jeune ami, le mariage; on vous dira peut-être que c'est encore une folie, c'est possible; mais elle vaut toujours mieux que l'autre; elle est plus gaie; et puis un bon ménage, une jolie femme, des enfans... Je vois que l'ordonnance vous sourit.

ARTHUR.

Sans contredit; mais le père voudra-t-il?

DARMENTIÈRES.

Cela me regarde, je m'en charge.

ARTHUR.

Et ma future! êtes-vous bien sûr de ce que vous m'avez annoncé? ne vous êtes-vous pas trompé? Je ne peux pas vivre dans une telle incertitude; non, docteur, je n'y suis plus, je brûle, je dessèche; j'en ferai une maladie.

DARMENTIÈRES, lui tâtant le pouls.

C'est ce que je vois; il vous faut quelque chose qui vous modère, qui vous calme. Allez vous promener.

ARTHUR.

Vous moquez-vous de moi?

DARMENTIÈRES.

Pendant dix minutes, au jardin.

ARTHUR.

Lorsque je souffre! lorsque je suis amoureux!...

DARMENTIÈRES.

Ah! ça, voulez-vous savoir mieux que votre médecin ce qu'il vous faut et ce qui vous convient? J'ai rendu mon ordonnance et n'y change rien; dix minutes au jardin, pas une de plus, pas une de moins, sinon je ne me mêle plus de votre santé.

ARTHUR.

J'y vais, docteur, j'y vais.

DARMENTIÈRES.

A la bonne heure, et vous vous en trouverez bien.

ARTHUR.

Soit. (Le regardant.) Est-il original!

DARMENTIÈRES, le regardant aussi.

C'est ce que j'allais vous dire.

(Arthur sort.)

SCÈNE XIII.

DARMENTIERES, puis DELAROCHE.

DARMENTIÈRES.

Pauvre garçon! il ne se doute pas de ce qu'il va y rencontrer; et alors, émotion, explication, déclaration, cela les regarde; là finissent les droits de la faculté... Ah! voilà mon autre malade. (A Delaroche qui entre.) Eh bien! comment nous trouvons-nous?

DELAROCHE.

Ah! docteur, ah! mon cher ami!...

DARMENTIÈRES.

Je savais bien que je vous forcerais à me donner
ce nom; et tantôt cependant, si je vous avais laissé
faire, vous me mettiez à la porte, vous refusiez mes
prescriptions qui ne vous ont pas trop mal réussi,
Le teint est meilleur, la poitrine moins oppressée.

DELAROCHE.

Oui, je respire, et me voilà, grâces à vous, délivré
d'un grand poids pour aujourd'hui; mais après-
demain... mais dans quelques jours...

DARMENTIÈRES.

Ce que nous appelons des rechutes; ce qui est souvent plus terrible. Il faut alors, en médecin habile,
couper le mal dans sa racine.

DELAROCHE.

Et le moyen?

DARMENTIÈRES.

N'avez-vous pas confiance en moi? et si, dès ce
soir, en suivant ma nouvelle ordonnance, vous trou-
viez le moyen de faire face à vos engagemens et de
rétablir vos affaires; s'il vous arrivait cent, deux cent
mille francs; ce que vous voudrez...

DELAROCHE.

Vous riez de moi.

DARMENTIÈRES.

La Faculté ne rit jamais, Monsieur.

DELAROCHE.

Et comment un tel miracle pourrait-il se faire?

DARMENTIÈRES.

Par un seul mot de vous! en disant : oui, à un de
mes malades, à un jeune homme bien portant, riche,
aimable, qui aime votre fille, qui en est aimé, et qui
vous la demande en mariage.

DELAROCHE, hors de lui.

Vous ne m'abusez pas? Ma fille, ma chère enfant...
Ce mariage... vous en êtes sûr?...

DARMENTIÈRES.

Je le crois bien ! c'est moi qui l'ai prescrit ; et, s'il
y avait une justice, la mariée me devrait quelque
chose pour mes honoraires.

DELAROCHE.

Je ne sais si je veille, et je n'y puis croire.

DARMENTIÈRES.

Tenez, tenez, voilà votre fille qui va vous donner
de bonnes nouvelles.

SCÈNE XIV.

LES PRÉCÉDENS, AGATHE, ARTHUR.

AGATHE, accourant entre eux.

Ah! mon père, ah! Monsieur le docteur, si vous
saviez; je viens de le voir au jardin, où nous nous
sommes rencontrés par hasard.

DARMENTIÈRES.

Par hasard. Je crois bien.

AGATHE.

Et il m'aime, il m'adore, il veut m'épouser, et il va
venir me demander à mon père.

DARMENTIÈRES.

Et où est-il donc ?

AGATHE.

Je l'ai laissé lisant une lettre que son domestique venait de lui apporter; il est dans la joie, dans l'ivresse; il ne se connaît plus... Tenez, c'est lui.

(Arthur paraît triste et rêveur, une lettre à la main.)

DARMENTIÈRES.

Ah! mon dieu! Quel air triste! Eh! venez donc, n'ayez plus peur. Voilà son père qui vous la donne en mariage.

ARTHUR ET AGATHE.

Est-il possible !

DELAROCHE.

Permettez...

DARMENTIÈRES.

C'est convenu.

AGATHE.

Ah! mon père, si vous l'avez dit !

DELAROCHE.

Mais ma fille n'a rien.

DARMENTIÈRES.

Qu'importe! votre gendre a de la fortune.

ARTHUR.

Au contraire, c'est que je n'en ai plus.

QUATUOR.

DARMENTIÈRES.

Grands dieux !

TOUS.

Eh ! mais, que dit-il donc ?

ARTHUR.

Décidé ce matin à sortir de la vie,
De tous mes biens j'avais fait l'abandon
En bonne forme.

DARMENTIÈRES.

O ciel ! quelle folie !

ARTHUR.

On m'écrit qu'on accepte...

TOUS.

Eh bien ?

ARTHUR.

Eh bien ?

J'ai tout donné, je n'ai plus rien.

ENSEMBLE.

Le destin qui nous accable
Nous protégeait un instant,
Pour rendre plus misérable
L'avenir qui nous attend.

DARMENTIÈRES, à Delaroche, à demi-voix.

Moi qui comptais sur sa fortune
Pour rétablir la vôtre...

DELAROCHE.

Eh bien ?

DARMENTIÈRES.

Il n'est plus d'espérance aucune :
Le père et le gendre n'ont rien.

ARTHUR, avec exaltation, et montrant Agathe.

Qu'importe, si j'ai sa tendresse !

AGATHE, de même.

Qu'importe, si j'ai son amour !

DARMENTIÈRES, se plaçant entre eux.

Voilà des phrases de jeunesse ;

Mais la raison parle à son tour,
Et nous ne devons plus songer au mariage !

ARTHUR et AGATHE, avec effroi.

Que dites-vous ?

DARMENTIÈRES.

Docteur prudent et sage,
Je l'ordonnais, je le défends.

AGATHE ET ARTHUR.

O ciel !

DARMENTIÈRES.

Selon le mal, selon les accidens,
Il nous faut changer de recettes,

ARTHUR.

La première est la bonne, et moi, je m'y connais,
Je la suivrai.

DARMENTIÈRES.

Non pas.

ARTHUR, passant près d'Agathe.

Barbare que vous êtes,
Vous changerez d'avis.

DARMENTIÈRES.

Jamais.

TOUS.

Jamais ?

DARMENTIÈRES.

Jamais.

ENSEMBLE.

ARTHUR.

Eh bien ! malgré la médecine,
Moi, dans mon dessein je m'obstine ;
Je brave ici votre courroux,
Et jure d'être son époux !-

AGATHE.

Eh quoi ! c'est lui qui nous chagrine !
A nous désunir il s'obstine ;
Lui jadis si bon et si doux !
Allez, je ne crois plus en vous.

DARMENTIÈRES.

Ah ! vous bravez la médecine !
Eh bien, morbleu ! moi je m'obstine ;
Et si vous déraisonnez tous,
Seul, j'aurai du bon sens pour vous.

DELAROCHE.

Au diable donc la médecine !
Du sort fatal qui me domine
Rien ne peut détourner les coups,
Et je dois braver son courroux !

DELAROCHE, retenant Arthur.

Arrêtez ! il eut ma promesse !

DARMENTIÈRES.

Quand je croyais à sa richesse ;
Mais il la perd en ce moment.

DELAROCHE, entre eux.

Raison de plus pour tenir mon serment.

AGATHE ET ARTHUR.

Ah ! quel bonheur !

DARMENTIÈRES.

Quelles folies !

DELAROCHE.

L'honneur le veut.

DARMENTIÈRES.

C'est ça, toutes les maladies :
L'amour, l'honneur, la probité !
Qu'un instant je sois écouté !

ARTHUR.

Son père à cet hymen a consenti...

DELAROCHE.

Sans doute.

DARMENTIÈRES.

Et moi je le défends : il ne peut avoir lieu.

(Bas à Delaroche.)

Vous le savez trop bien... ou moi-même...

DELAROCHE.

Grand Dieu !

DARMENTIÈRES, de même.

Provoquant un éclat que votre cœur redoute,
Je déclare tout haut que sans honte son nom
Ne saurait s'allier au vôtre.

DELAROCHE, à part.

Il a raison.
Oui, de mon déshonneur quand j'ai la certitude...

(Haut.)

Cela n'est plus possible... il n'est plus d'union !

ARTHUR et AGATHE, le menaçant.

De quoi se mêle-t-il ? c'est lui qui sans raison
Met le trouble en cette maison.

DELAROCHE, avec colère.

Oui, c'est lui, vous avez raison,
Qui vient troubler cette maison.

DARMENTIÈRES.

Une autre maladie ! allons, l'ingratitude !

ARTHUR et AGATHE, à Delaroche.

De grâce, au moins, expliquez-nous...

DELAROCHE.

Non, ne me suivez pas... laissez-moi tous.

ENSEMBLE.

ARTHUR.

Oh ! oui, malgré la médecine,
Moi, etc.

AGATHE.

Eh quoi ! c'est lui qui nous chagrine !
A nous désunir, etc.

DARMENTIÈRES.

Ah ! vous bravez la médecine !
Eh bien ! etc.

DELAROCHE.

Au diable donc la médecine !
Du sort, etc.

(Delaroche sort par la droite.)

SCÈNE XV.

DARMENTIÈRES, ARTHUR, ASSIS A GAUCHE DU THÉATRE, AGATHE, ASSISE A DROITE.

DARMENTIÈRES, les regardant après un instant de silence.

Les voilà tous malades à présent, et c'est moi, c'est
le médecin qu'on accuse ; c'est toujours comme ça
quand nous ne réussissons pas.

ARTHUR, se levant.

N'ai-je pas raison ? vous m'empêchez de partir,
vous me rendez encore plus amoureux que je n'étais.

AGATHE, se levant.

Et quand mon père a consenti à notre mariage,
c'est vous qui l'en dissuadez, qui le faites manquer à
sa parole.

DARMENTIÈRES, entre eux.

Qu'est-ce que je disais ? il n'y a rien d'ingrat
comme les malades à qui on a sauvé la vie ; car les
autres, ils sont bien plus raisonnables, ils ne disent
rien. (A Arthur.) Est-ce que je pouvais vous laisser con-

tracter une pareille union ? (à Agathe) est-ce que vous-même vous l'auriez voulu, si vous aviez su...

AGATHE ET ARTHUR.

Quoi donc ?

DARMENTIÈRES.

Que demain peut-être, dans cette maison, la ruine, la misère, le déshonneur...

AGATHE.

Que dites-vous ?

DARMENTIÈRES.

Oui, voilà le secret que votre père vous cachait, et que moi seul avais découvert ; forcé de déclarer sa honte, de suspendre ses paiemens...

AGATHE ET ARTHUR.

O ciel !

DARMENTIÈRES.

C'est ce mal-là qui le conduisait au tombeau et dont j'espérais le guérir ; mais tout est perdu, grâce à monsieur qui s'en va comme un fou, et sans demander conseil disposer de toute sa fortune. Que diable ! Monsieur, quand on est malade, on ne fait rien sans consulter son médecin.

ARTHUR.

Eh morbleu !...

DARMENTIÈRES.

Il ne s'agit pas ici de se disputer, mais de s'entendre et de voir s'il n'y aurait pas quelques moyens...

ARTHUR.

Il n'y a plus d'espoir.

(Agathe s'éloigne.)

DARMENTIÈRES.

Tant mieux ; c'est dans ces cas-là que la médecine triomphe. Voyons un peu ; à qui avez-vous légué, donné, abandonné cette fortune ?

ARTHUR.

A qui ? à ma famille ; et comme je n'ai qu'une seule parente...

DARMENTIÈRES.

Votre tante, mistress Berlington !

ARTHUR.

Elle-même.

DARMENTIÈRES.

Par Esculape ! elle ne rendra rien, car elle aime l'argent autant qu'elle vous déteste.

AGATHE, qui avait remonté le théâtre et regardé au fond, redescend entre eux.

Ne restez pas en ce magasin ; passez là chez mon père, car voici du monde ; cette dame qui est venue acheter ce matin ici pendant que vous y étiez.

DARMENTIÈRES.

La robe rose ?

AGATHE.

Oui, j'ai reconnu sa voiture qui s'arrêtait à la porte.

DARMENTIÈRES, à Arthur.

C'est votre tante.

AGATHE.

Je vais la recevoir.

DARMENTIÈRES.

Non, non, c'est moi que cela regarde ; rentrez ; rentrez tous deux ; laissez-moi avec elle.

ARTHUR.

Et pourquoi?

DARMENTIÈRES.

Je ne désespère pas encore, parce que le talent,
la science du médecin, et puis la nature, la nature
qui vient si souvent à notre aide; enfin, laissez-moi,
nous verrons : aux grands maux les grands remèdes.

(Agathe et Arthur sortent par la porte à droite.)

SCÈNE XVI.

Mistress BERLINGTON, DARMENTIÈRES.

MISTRESS BERLINGTON.

Eh bien! personne en ce magasin! eh! si vraiment!
vous, docteur! vous que j'y retrouve encore! c'est un
coup du ciel !

DARMENTIÈRES.

Et pourquoi donc?

MISTRESS BERLINGTON.

Je n'ai jamais été si contente, si heureuse; depuis
que je vous ai vu, il vient de m'arriver une fortune
immense, et vous verrez, j'ai déjà une foule d'idées
admirables : je change mon coupé et mes chevaux,
je renouvelle toutes les tentures de mon hôtel, et
vous allez m'aider à choisir des étoffes; je veux ce
qu'il y a de plus beau, de plus riche, de plus... Tenez,
le ravissement où je suis me produit un tel effet que
je ne peux pas parler, ça me coupe la respiration.

DARMENTIÈRES, froidement.

J'attendrai alors que vous ayez respiré pour savoir d'où vous vient cet accroissement de richesse.

MISTRESS BERLINGTON.

De mon neveu, de sir Arthur, qui me donne tous ses biens.

DARMENTIÈRES.

Et à quel propos?

MISTRESS BERLINGTON.

Je n'en sais rien, mais cela est...

DARMENTIÈRES.

Laissez donc! à son âge! une telle donation pourrait bien être révocable.

MISTRESS BERLINGTON.

J'en doute; mais ce qui ne peut pas l'être, c'est la renonciation qu'il fait à ses droits dans le procès qu'il avait gagné. Tenez, docteur, tenez, voyez plutôt, je l'ai déjà montré à mon avoué qui m'a assuré qu'il n'y avait pas à revenir sur un pareil titre.

DARMENTIÈRES, prenant le papier, à part.

Diable! si l'avoué y a passé, cela va mal. (Parcourant la lettre à voix basse.) Hum, hum, hum, l'imprudent! tous ses biens, tant en France qu'en Angleterre. (Achevant de lire.) « Enfin, le domaine de Cerwood où je « suis né, et que je me reproche de n'avoir presque « jamais habité. Aussi, et dans l'intérêt du pays, je « ne mets qu'une condition expresse et formelle à la « présente donation, c'est que ma tante ira se fixer « dans ce château, et y fera tout le bien que je re- « grette de n'avoir pu y faire... » Le domaine de

Cerwood; j'en ai souvent entendu parler; c'est, je crois, en Écosse.

MISTRESS BERLINGTON.

Dans les montagnes et au bord d'un lac; un château admirable par sa situation.

DARMENTIÈRES.

En Écosse?

MISTRESS BERLINGTON.

Oui, docteur.

DARMENTIÈRES.

Dans les montagnes?

MISTRESS BERLINGTON.

Oui, docteur.

DARMENTIÈRES.

Et au bord d'un lac?

MISTRESS BERLINGTON.

Certainement, une vue magnifique!

DARMENTIÈRES.

Et vous irez en jouir?

MISTRESS BERLINGTON.

Il le faut bien!

DARMENTIÈRES.

Pauvre femme! si jeune encore et si fraîche!

MISTRESS BERLINGTON.

Qu'est-ce que signifie? expliquez-vous.

DARMENTIÈRES.

Rien! mais avant que vous partiez je vous prie de recevoir mes adieux, les adieux d'un ami qui vous était sincèrement attaché.

MISTRESS BERLINGTON.

Et à propos de quoi, docteur?

DARMENTIÈRES.

Vous me le demandez, lorsqu'avant un an peut-être...

MISTRESS BERLINGTON.

O ciel !

DARMENTIÈRES.

Est-ce que je ne vous ai pas envoyée, l'année dernière, en Italie et dans le midi de la France?

MISTRESS BERLINGTON.

Eh bien?

DARMENTIÈRES.

Eh bien! vous, à qui il faut un pays chaud, un pays sec, vous allez vous ensevelir dans les montagnes d'Écosse, au milieu des vapeurs, des nuages, des brouillards; je ne vous donne pas un an à vivre.

MISTRESS BERLINGTON, effrayée.

O ciel ! (Vivement.) Je n'irai pas! docteur, je n'irai pas! je vous le promets.

DARMENTIÈRES.

Et alors cette donation est nulle, car elle porte formellement l'obligation d'aller dans ce pays et d'y résider.

MISTRESS BERLINGTON.

C'est vrai; eh bien! alors, j'irai, j'irai avec un médecin, un bon médecin; vous viendrez avec moi, docteur, vous ne m'abandonnerez pas.

DARMENTIÈRES.

Votre serviteur; pour être médecin, on n'est pas assuré contre une mort certaine.

MISTRESS BERLINGTON, avec effroi.

Grand Dieu ! vous croyez?

DARMENTIÈRES.

Vous la trouverez là, à poste fixe, au bord du lac ; elle n'en bouge pas.

MISTRESS BERLINGTON.

Et aller s'exposer ainsi quand on est riche ! vous conviendrez, docteur, que je suis bien malheureuse ; j'en ferai une maladie.

DARMENTIÈRES.

Cela se pourrait bien, et à qui la faute ? à vous qui ne voulez pas bien vous porter.

MISTRESS BERLINGTON.

Moi ! je ne le veux pas ?

DARMENTIÈRES.

Oui, morbleu ! plus je vous regarde et plus je suis convaincu qu'il ne tiendrait qu'à vous d'avoir la plus belle santé de France ! cela dépend de vous.

MISTRESS BERLINGTON.

De moi !

DARMENTIÈRES.

N'ayez plus de procès, plus d'ambition, plus de désir de fortune qui vous tourmente et vous empêche de dormir, qui vous brûle le sang ; vivant comme vous le faites, seule ou entourée d'indifférens ; toujours triste, inquiète, grondant sans cesse, car vous ne faites que cela, à commencer par moi, votre docteur ; et n'ayant là, près de vous, rien pour le cœur. Qui diable y résisterait ? C'est ainsi qu'on épuise les sources de la vie, qu'on les détruit, qu'on se tue soi-même ; c'est ce qui est arrivé à votre neveu.

MISTRESS BERLINGTON.

Mon neveu ?

DARMENTIÈRES.

Oui, seul au monde et fatigué de l'existence, il voulait la quitter; c'est alors qu'il vous a fait cet abandon, cette donation; mais au moment où il allait succomber à son mal, je suis arrivé, je l'ai vu, je l'ai guéri par des moyens infaillibles et semblables à ceux que je vous proposais tout à l'heure; aussi, il ne demande plus qu'à vivre maintenant; il est amoureux, amoureux d'une jeune fille, jolie et bonne, comme vous; (à part) il faut la flatter; (haut) mais pour l'obtenir il n'a plus de fortune, rendez-lui la sienne.

MISTRESS BERLINGTON.

Par exemple! quelle idée!

DARMENTIÈRES.

Dans votre intérêt autant que dans le sien; car, s'il la redemande aux tribunaux, s'il faut plaider encore... mais vous ne le voudrez pas, c'est un don, un cadeau que vous lui ferez; hier, rien ne vous répondait de son cœur; aujourd'hui, c'est une chaîne qui l'attache à vous! Sa femme et lui, pour prix de leur bonheur, vous entoureront de soins, de caresses; vous verrez naître, croître autour de vous leurs enfans qui apprendront d'eux à vous aimer, à vous chérir, et que vous gronderez tout à votre aise; mon tour viendra moins souvent. Voilà des amis, une famille pour vos vieux jours; et cette idée seule vous touche, vous émeut!

MISTRESS BERLINGTON.

Moi! docteur?

DARMENTIÈRES.

Oui, vous êtes émue, je le vois.

MISTRESS BERLINGTON.

Mais non !

DARMENTIÈRES.

Si fait !...

SCÈNE XVII.

LES PRÉCÉDENS, ARTHUR, AGATHE, DELAROCHE.

(Ils entrent par la porte à droite. Darmentières leur fait signe de la main
d'avancer lentement.)

FINAL.

DARMENTIÈRES.

Tenez, tenez, les voilà qui s'avancent :
C'est de vous que leur sort dépend.
Allons, qu'à vous chérir dès ce jour ils commencent !
Une bonne action nous rafraîchit le sang.

(Prenant la lettre.)

En déchirant cet acte injuste autant qu'indigne...

MISTRESS BERLINGTON, l'arrêtant.

Mais, docteur...

DARMENTIÈRES.

Vous vivrez au moins cinq ans de plus.

MISTRESS BERLINGTON.

Cinq ans ! serait-il vrai ?

DARMENTIÈRES.

S'il le faut, je le signe ;
Et vos jours à venir me sont si bien connus
Que, si vous consentez, je vous assure même
Dix ans...

MISTRESS BERLINGTON.

Que dites-vous ?

DARMENTIÈRES, faisant toujours le geste de déchirer.

Quinze ans...

MISTRESS BERLINGTON.

Grand Dieu !

DARMENTIÈRES.

Vingt ans...

MISTRESS BERLINGTON.

Vingt ans ! ah ! déchirez, déchirez, j'y consens.

TOUS.

O bonheur extrême !

DARMENTIÈRES, déchirant l'acte.

Tombez à ses pieds !

MISTRESS BERLINGTON.

Non, dans mes bras, mes enfans !

ENSEMBLE.

ARTHUR.

O moment plein d'ivresse !
Je retrouve en ce jour
L'amitié, la richesse,
Le bonheur et l'amour.

DARMENTIÈRES.

Par moi, par ma sagesse,
Il retrouve en ce jour
Sa tante, sa maîtresse,
Sa fortune et l'amour.

TOUS.

O moment plein d'ivresse !
Il retrouve, en ce jour,
L'amitié, la richesse,
Le bonheur et l'amour !

DARMENTIÈRES, à Delaroche.

De mes talens, mon cher, ce matin vous doutiez ;
Et, grâce à mon système, ici, vous le voyez,

La santé chez vous tous est enfin rétablie ,
Sans qu'il en ait coûté rien à la pharmacie.

TOUS.

O moment plein d'ivresse ! etc.

FIN DE LA MÉDECINE SANS MÉDECIN.